www.tredition.de

www.tredition.de

© 2021 Frank Sander

Verlag und Druck:
tredition GmbH, Halenreie 40-44, 22359 Hamburg

ISBN
Paperback: 978-3-347-39540-4
Hardcover: 978-3-347-39541-1
e-Book: 978-3-347-39542-8

Frank Sander

Date Up My Life

Ein Dating-Erfahrungsbericht & Ratgeber

INHALTSVERZEICHNIS

VORWORT

Dieser Erlebnisbericht und Ratgeber zum Thema Dating und Datingdiensten liegt dem Wunsch zugrunde, meine Erlebnisse zu diesem Thema zu Papier zu bringen bzw. digital zu verewigen. Vorrangig ging es mir eigentlich nur darum, meine Erfahrungen für mich zu verarbeiten und zu reflektieren, was sich in meinem Leben die letzten zwei Jahre zugetragen hat. Im Laufe des Schreibens wurden meine Erzählungen aber immer umfangreicher und nahmen mehr und mehr Gestalt an. Das hatte ich im Vorfeld gar nicht so geplant und ich war über den Umfang überrascht, der nach einigen Monaten des Schreibens vor mir lag. Aus diesem Grund dachte ich mir, warum sollte ich meine Erkenntnisse, die ich gesammelt habe, nicht meiner Mitwelt, insbesondere meinen männlichen Geschlechtsgenossen, zugänglich machen? Die haben es ja schließlich schon schwer genug. Natürlich freue ich mich auch darüber, wenn die Frauen Spaß beim Lesen dieser ehrlichen und praxiserprobten Lektüre haben.

Für mich war das Thema Dating zu Beginn völlig neu und ich bin anfangs eher etwas blauäugig und unbeholfen an die Sache herangegangen. Im Laufe der Zeit habe ich aber gelernt, wie man sich in Datingportalen zu bewegen hat und was dabei zu berücksichtigen ist. Deshalb möchte ich mein Wissen und meine Erfahrungen nicht länger für mich behalten und euch gerne daran teilhaben lassen.

Diese Erzählungen schildern ausschließlich meine persönlichen Erfahrungen und meine Sicht der Dinge. Sicherlich haben andere Nutzer andere Erfahrungen gemacht, unabhängig davon, ob gute oder schlechte. Alle Angaben und Erzählungen, die auf den folgenden Seiten geschildert werden, haben sich tatsächlich wie beschrieben zugetragen und entsprechen der vollen Wahrheit. Alle Frauen, mit denen ich gematcht, gechattet und gedatet habe, existieren tatsächlich und sind keine Fantasiepersonen. Selbstverständlich wird deren Identität immer gewahrt und nicht preisgegeben.

Ich wünsche euch viel Spaß beim Lesen und hoffe, dass euch meine Ratschläge und Lebensweisheiten dazu verhelfen, euch sicher und selbstbewusst auf den jeweiligen Datingportalen zu bewegen sowie beim Matchen, Chatten und Daten eine gute Figur zu machen, um letztendlich die Partnerin eurer Träume zu finden.

1. ÜBER MICH

Natürlich komme ich nicht umher, mich an dieser Stelle einmal vorzustellen und zu erzählen, was mich dazu bewogen hat, diesen Erfahrungsbericht und Ratgeber zu schreiben und der Öffentlichkeit zugänglich zu machen. Deshalb werde ich mal etwas von mir erzählen, damit ihr euch ein Bild von mir und meiner Situation machen könnt.

Meine Erzählung beginnt Ende 2018. Ich habe nunmehr 22 Jahre meines Lebens in Köln verbracht und fühle mich sogar schon fast wie ein Kölner, auch wenn mir bewusst ist, dass ich immer ein Immi (Immigrant) bleiben werde, wie es der Kölner so schön zu sagen pflegt. Kölner zu sein, ist ein Geburtsrecht und kann nicht nachträglich erworben werden. Nichtsdestotrotz liebe ich diese Stadt, auch wenn ich inzwischen, trennungsbedingt in einem akzeptablen und beschaulichen Vorort von Köln lebe. Das hindert mich aber nicht daran, wann immer ich möchte, in die große Stadt am Rhein zu fahren, um mich dort zu vergnügen oder den Dom zu besichtigen. Wenigstens einmal im Jahr sollte man als Kölner im Herzen oder Immi diesem prächtigen Bauwerk seinen Respekt gezollt haben.

Inzwischen habe ich das stolze Alter von 48 Jahren erreicht, gefühlt allerdings, tagesformabhängig zwischen 30 und 60 Jahre. Über die Hälfte meines Lebens befand ich mich in einer harmonischen und gut funktionierenden Beziehung, davon knapp 20 Jahre im Bund der Ehe, ohne Abweichungen, Trennungen oder Seitensprünge. In der heutigen Zeit ist das sicherlich schon etwas Besonderes und nicht mehr alltäglich. Ich dachte eigentlich auch, dass es so weitergehen würde, dem war aber nicht so, wie ich bald schmerzlich feststellen musste. Ohne näher ins Detail zu gehen, war es abrupt zu Ende mit der Beziehung. Es ist schon erschreckend, wie schnell eine Ehe zerbrechen kann und wie unvorhersehbar so etwas ist.

Jetzt könnte man mir vielleicht unterstellen, dass ich den Glauben an eine feste Beziehung oder an die Frauen verloren haben könnte, aber ich kann euch beruhigen, dem ist nicht so. Ich bin Realist genug, um zu wissen, dass das, was mir passiert ist, kein Einzelfall ist und nun mal zum Leben dazu gehört. Statistisch betrachtet werden im Durchschnitt über 50 % aller Ehen wieder geschieden, mit steigender Tendenz. Demnach gehöre ich jetzt zu denen, die ihren zweiten Frühling beginnen dürfen, um es mal von der positiven Seite zu betrachten.

Immerhin habe ich jetzt die Möglichkeit einen Neustart zu wagen und kann meinen zukünftigen Lebensabschnitt so gestalten, wie ich mir das vorstelle und wünsche. In jedem Falle weiß ich ja inzwischen, was ich will, was mir gefällt und was ich nicht möchte. Nach einer gewissen Zeit der Trauer, Verzweiflung, Wut und des Selbstmitleids wurde mir erst richtig bewusst, dass ich nun Single bin und dieser Gedanke hatte in mir auch eine gewisse Faszination ausgelöst, auf dass, was sich bald in Sachen Beziehung bei mir ereignen könnte. Da ich mich als ein Beziehungsmensch beschreiben würde, war es für mich klar, dass ich mich schon bald wieder auf die Suche nach einer neuen Partnerin nach meinen Vorstellungen und Wünschen begeben wollte. Das soll aber nicht heißen, dass ich mich so schnell wie möglich fest binden möchte, um dann wieder in einer eheähnlichen Beziehung leben will. Ich denke, dass Thema Ehe ist für mich ein für allemal erledigt.

Sobald ich rechtskräftig geschieden bin, habe ich vor, diesen Status auch beizubehalten.

Ich bin ein Mensch, der einen gewissen Freiraum benötigt und auch gut Zeit mit mir alleine verbringen kann, ohne mich dabei einsam zu fühlen. Zwar fühle ich mich seelisch und moralisch bereit, eine neue Bindung einzugehen, aber mir ist es wichtig, dass jeder in der Beziehung seinen eigenen Wohnraum behält und seine Unabhängigkeit bewahren sollte. Für mich wäre das die ideale Beziehung. Jeder lebt in seinen eigenen vier Wänden und man trifft sich, so wie es beiden am besten passt. Natürlich ist die Entfernung zwischen den Wohnorten dabei nicht ganz unwichtig. Wenn diese zu groß ist und man ständig pendeln muss, dann könnte das auf Dauer schon belastend werden. Dann wäre nach einer gewissen Zeit eine gemeinsame Unterkunft vielleicht doch irgendwann die bessere Alternative. Das würde ich aber nur anstreben, wenn die Beziehung stabil ist und ich das Gefühl hätte, dass ich mit dieser Frau auch gemeinsam alt werden möchte.

Jetzt stellte sich mir nur die Frage, wie und wo lerne ich am besten Frauen kennen, die meinen Vorstellungen entsprechen? Sollte ich jetzt etwa wieder durch die Clubs und Bars von Köln ziehen, um eine potenzielle Partnerin auszukundschaften, die meinen Ansprüchen gerecht wird? Ich hatte in der Vergangenheit schon häufiger von diversen Ü-40- oder anderen Kennenlernpartys gehört, die immer wieder dafür werben, wie einfach es doch wäre, dort Gleichgesinnte zu treffen. Allerdings hatte ich bisher nichts wirklich Gutes darüber vernommen. Worte wie Rudis Resterampe oder Fleischbörse lagen mir noch im Gedächtnis von solchen Veranstaltungen – das machte mich doch etwas skeptisch.

Lieber nicht, dachte ich mir, da gibt es doch inzwischen bestimmt bessere Möglichkeiten, die passende Frau für eine Partnerschaft oder für den Rest des Lebens zu finden.

Ich bin offen gestanden auch nicht unbedingt der Typ Mann, der ohne zu Zögern auf die auserwählte Dame zustürmt und ihr den Hof macht, bis sie völlig benommen und zu allem bereit einem überallhin folgt. Speeddatings oder ähnliche Veranstaltungen hielt ich für mich zu diesem Zeitpunkt auch nicht unbedingt für angemessen, wer weiß, wen man da vorgesetzt bekommt. Das käme mir vor, wie am Fließband; 7 Minuten Frage- und Antwortspiel und dann die Nächste. Schließlich leben wir doch im Zeitalter des Internets, mit all seinen Datingportalen und den ganzen Kennenlerndiensten. Ein schier unerschöpfliches Portfolio an Frauen, die nur darauf warten, sich mit mir zu treffen um umgehend eine Beziehung mit mir einzugehen. Kann doch nicht so schwer sein, dort die richtige Partnerin zu finden, einfach irgendwo anmelden und los gehts – dachte ich.

2. DIE DATINGPORTALE

Fängt man im Internet erst einmal an, nach Datingportalen zu suchen, stößt man umgehend auf unzählige und mir
bis dato völlig unbekannte Dating-Apps und -Dienste, die die
tollsten Versprechungen machen. Da fällt es schon sehr
schwer, sich spontan für einen Anbieter zu entscheiden, der
einem dabei hilft, die passende Partnerin zu finden. Wie
auch, da gerade der Anfänger auf diesem Gebiet keinen
Überblick über all die Möglichkeiten hat, was denn jeder einzelne Dienst bietet, wie man damit umgeht und vor allem,
wie erfolgversprechend dieser jeweils ist.

Wenn man sich aber mal die Bewertungen und Erfahrungen von anderen Nutzern im Netz genauer ansieht und ein
wenig kritisch recherchiert, fällt es schon einfacher, die
Spreu vom Weizen zu trennen. Hier tummeln sich viele Anbieter, die einem das Blaue vom Himmel versprechen, wie z.
B.: hoher Frauenanteil, schneller Erfolg, keine Kosten usw.
Schaltet man jedoch seinen gesunden Menschenverstand ein
und lässt sich nicht von den vielversprechenden Werbeslo-
gans beirren, lassen sich die seriösen von den weniger seriös
erscheinenden Seiten schnell differenzieren. Vielleicht fällt
das dem einen oder anderen Mann nicht ganz so leicht, da ja
immer wieder gerne behauptet wird, dass unsereins angeblich nicht nur mit dem Kopf denkt und sich schnell von auf-
reizenden Frauen in der Werbung, die angeblich nur auf ein
Date warten und sofort zur Verfügung stehen, beeinflussen
lässt.

Die gängigsten Dienste

- **Badoo:**
Badoo ist sowohl eine Singlebörse als auch eine Online-Community und ist international vertreten. Das Portal existiert seit 2006. Mittlerweile hat die Plattform über 480 Millionen Nutzer weltweit davon etwa drei Millionen Nutzer in Deutschland. Funktioniert vom Prinzip her ähnlich wie Tinder oder Lovoo. Im Vergleich zu anderen kostenlosen Singlebörsen herrscht bei Badoo ein recht ausgeglichenes Verhältnis von Männern zu Frauen: 52 Prozent der Mitglieder sind Männer und 48 Prozent Frauen. Der Altersdurchschnitt liegt bei 20 bis 35 Jahren.

  Die meisten Mitglieder, etwa 44 Prozent, sind zwischen 18 und 24 Jahren alt. Danach folgen die 25 bis 34-Jährigen mit 36 Prozent. Die restlichen Mitglieder sind zwischen 35 und über 55 Jahren alt. Die Mitglieder bei Badoo suchen nach unterschiedlichen Dingen. Manche lassen die Kontakte einfach auf sich zukommen und schauen, was sich entwickelt. Andere suchen Freundschaften, wieder andere Flirts, Dates oder eine Beziehung.

- **Bumble:**
Ist eine standortbasierte soziale Anwendung, die die Kommunikation zwischen interessierten Benutzern erleichtert. Im Einsatz zeigt sich, dass die App das Tinder-Prinzip erweitert hat. Wer per App nach einer ernsthaften Beziehung und nicht nach der schnellen Nummer sucht, ist bei Bumble angeblich besser aufgehoben als bei Tinder.

- **Candidate:**

  Das Frage-&-Antwort-Datingspiel. Hier stellen sich die Nutzer gegenseitig Fragen und entscheiden anhand der Antworten, mit wem sie ein Match wollen. Diese Dating-App stellt euren Charakter in den Vordergrund. Durch das Beantworten von Quizfragen soll der der idealen Flirt-Partner gefunden werden.

- **C-Date:**

  Beim Casual-Dating trifft Unverbindlichkeit auf Zweisamkeit. Gemeinsame Wünsche und Fantasien sind die Basis für sinnliche Dates, aus denen mehr werden kann - so verspricht es zumindest der Anbieter. Hierbei steht der gemeinsame und unverbindliche Spaß im Vordergrund, ohne dabei eine feste Beziehung anzustreben. Dabei spielt es keine Rolle, ob es beim einmaligen Treffen bleibt oder ob eine Fortsetzung folgt.

- **eDarling:**

  eDarling Ist eine Online-Partnervermittlung und zählte bereits vier Jahre nach dem Start, im Mai 2009, zu den großen Anbietern aus Deutschland. Die Partnervorschläge, die ihr bei eDarling erhaltet, werden durch das sogenannte Matching ermittelt, d. h. es werden Mitglieder ausgewählt, die besonders gut zu eurer Persönlichkeit passen.

- **ElitePartner:**

  Wurde 2004 gegründet und gehört seit 2015 zusammen mit Parship zur Parship Elite Group GmbH, die im Zuge der Übernahme der beiden Unternehmen von dem damaligen Mutterunternehmen gegründet wurde. Auf Grundlage der

Ergebnisse der Tests matcht ElitePartner die Testergebnisse untereinander und schlägt Ihnen nur Männer oder Frauen vor, die wirklich zu Ihnen passen. Das Prinzip: Je höher die Matchingpunkte, desto höher soll auch die Chance auf eine glückliche Beziehung ausfallen.

- **Lovoo:**

    Ist ein soziales Netzwerk, das über die gemeinsame Nutzung einer App das Kennenlernen von Menschen aus der Umgebung ermöglicht. Lovoo basiert auf standortbezogenen Daten. Ihr könnt anhand bestimmter Kriterien (zum Beispiel das Geschlecht und die Gegend) verschiedene Personen suchen und mit ihnen schreiben. Mithilfe der Umkreissuche (Suchradar) lassen sich die Benutzer der App in Ihrem Ort ausfindig machen.

- **LoveScout24:**

    Ist ein Datingportal, welches von der in München ansässigen FriendScout24 GmbH betrieben wird und in verschiedenen europäischen Ländern Partnersuche über das Internet anbietet. Funktioniert im Prinzip wie eine klassische Partnervermittlung. Im Kern ist diese Singlebörse ein "Marktplatz" mit Hundertausenden von Singleprofilen. Natürlich kann man einfach abwarten und schauen, wer einem so alles schreibt, aber es macht viel mehr Sinn und Spaß, selbst aktiv auf die Suche zu gehen und eine potentielle Partnerin, die den eigenen Vorstellungen am ehesten entspricht, anzuschreiben.

- **Neu.de:**

  Ebenso wie Lovescout24 zählt neu.de zur Meetic-Gruppe. Bereits im Jahr 2015 führten die beiden Anbieter ihre Datenbanken zusammen, was die Auswahl an männlichen und weiblichen Singles auf Partnersuche enorm vergrößerte – und damit auch Ihre Erfolgschancen, somit ist auch die Form der Partnerfindung ähnlich. Es handelt sich nicht um eine einfache Flirtseite, sondern um ein Angebot für Nutzer, die sich gern verlieben möchten - so der Anbieter

- **Parship:**

  Ist eine Online-Partnervermittlung mit Sitz in Hamburg. Sie war Teil der Verlagsgruppe Georg von Holtzbrinck und wurde im April 2015 an die britische Beteiligungsgesellschaft Oakley Capital verkauft. Nach dem Parship-Prinzip, der angeblichen Formel für das Liebesglück, erstellt Parship ein objektives Profil der Partnerschaftspersönlichkeit. Auf dieser Basis schlägt Parship anschließend Partner vor, mit denen die Chancen auf eine glückliche Beziehung besonders hoch sein sollen.

- **Tinder:**

  Wird im Anschluss erklärt.

- **Zweisam:**

  Hier können Singles ab 50 nach einer neuen Liebe und Kontakten zu Gleichgesinnten suchen. Die Anmeldung für unter 50-Jährige ist nicht möglich.

Hinweis

Jedoch sollte dabei immer berücksichtigt werden, dass einige Portale ihre Dienste nicht kostenlos anbieten. Bei vielen Anbietern muss ein Abo abgeschlossen werden, dass auch wieder rechtzeitig gekündigt werden sollte, wenn kein Bedarf mehr besteht. Ansonsten kann das auf Dauer recht kostenintensiv werden. In jedem Fall ist es empfehlenswert, sich zuvor genau darüber zu informieren, mit welchen Gebühren insgesamt zu rechnen ist und was dafür geboten wird, bevor ihr einen Vertrag abschließt, aus dem ihr so schnell nicht mehr rauskommt und es später bereut.

Viele Portale bieten ihren Service auch kostenlos an, zumindest die Grundausstattung. Wollt ihr alle Vorzüge der Software nutzen und Zusatzfunktionen in Anspruch nehmen, fallen auch hier nicht unerhebliche Kosten an, die teilweise auch als Abo angeboten werden. In den meisten Fällen sind die Grundfunktionen aber völlig ausreichend, um erfolgreich nach einer Partnerin zu suchen, wenn man bereit ist, die Werbung zu akzeptieren.

Wenn ihr euch auf ein Abo einlassen wollt, solltet ihr euch gut überlegen, wie lange ihr diesen Dienst voraussichtlich in Anspruch nehmen werdet. Es ist natürlich nicht absehbar, wie lange es dauert, bis ihr die richtige Partnerin gefunden habt und den Dienst nicht mehr benötigt. Deshalb ist es besser, die Laufzeit des Abos eher kurz zu halten und dann bei Bedarf zu verlängern, auch wenn die Kosten pro Monat dabei höher sind. Wenn ihr schon nach einem Monat eine Partnerin gefunden haben solltet und einen Halbjahresvertrag abgeschlossen habt, müsst ihr natürlich bis zum Ende hin weiterzahlen.

Warum eigentlich Tinder?

Aus den ganzen Datingportalen, die sich ungeniert im Internet hervortun, sticht immer wieder der Name Tinder heraus. Auch für mich war der Name ein Begriff, ich hatte schon häufig davon gehört und gelesen, mich aber nie damit beschäftigt. Warum auch, ich hatte ja keinen Bedarf an einer neuen oder zusätzlichen Partnerin. Auch in meinem Freundes- und Bekanntenkreis wurde schon mehrfach davon berichtet, dass Tinder angeblich die ultimative Dating-App sein soll. Allerdings wird sie von einigen auch gerne als Sex-App abgetan oder gelobt, je nach Betrachtungsweise. Na ja, warum nicht, dachte ich mir, was habe ich schon zu verlieren?

Ich muss aber auch ganz ehrlich zugeben, dass ich mir in der Vergangenheit schon mal Gedanken darüber gemacht hatte, wie ich vorgehen würde, eine neue Partnerin kennenzulernen, wenn ich denn Single wäre. 25 Jahre vor unserer Trennung, als ich meine spätere Ehefrau kennen und lieben gelernt hatte, gab es so etwas wie Datingportale oder -Apps noch nicht, geschweige denn das Internet. Das befand sich zu dieser Zeit noch in den Kinderschuhen, wir sprechen hier vom Anfang der 90er-Jahre, und kaum jemand hätte sich zu diesem Zeitpunkt vorstellen können, was sich daraus einmal entwickeln würde. Das kann sich die jüngere Generation heute gar nicht vorstellen, dass es mal eine Zeit ohne das World Wide Web gab, das wäre für die sicher das reinste Mittelalter gewesen.

Seit der endgültigen Trennung, die inzwischen bereits einige Wochen zurücklag, habe ich mich mit meiner neuen Situation mehr oder weniger abgefunden. Wer weiß schon, wie lange die angemessene Trauerzeit für eine 25-jährige Beziehung ist? Aber Trauer und Frust bringen mich auch nicht weiter, deshalb habe ich mir vorgenommen positiv nach vorne zu schauen und mein Schicksal selbst in die Hand zu nehmen. Es ist ziemlich unwahrscheinlich, dass meine Traumfrau eines Tages plötzlich an die Tür klopft und wir uns Hals über Kopf ineinander verlieben. Wäre aber auch viel zu einfach, wo bliebe denn da der Spaß beim Kennenlernen und der Eroberung?

Damit viel meine Wahl recht schnell auf Tinder, nicht weil ich es für das beste Datingportal gehalten hatte, sondern weil es einfach omnipräsent ist. Nahezu jeder hat schon mal davon gehört oder kennt jemanden, der damit aktiv nach einem Partner sucht oder tatsächlich seinen Partner dadurch gefunden hat. Somit ist die Mitgliederanzahl auch entsprechend hoch und das macht diesen Dienst für mich natürlich umso attraktiver. Tinder scheint offensichtlich „DAS" Datingportal schlechthin zu sein. Ich dachte mir, so viele Menschen können sich nicht irren und wenn die Möglichkeit besteht, auf diese Weise die Frau fürs Leben zu finden oder zumindest für einen Lebensabschnitt, lasse ich es mal auf einen Versuch ankommen. Im Nachhinein habe ich mich auch mit anderen Portalen und Diensten beschäftigt und diese getestet, die Neugier war einfach zu groß. Ich wollte mir schließlich ein Bild davon machen, was der Markt zu bieten hat, aber darüber werde ich noch später berichten.

Die Fakten

Tinder „(dt. *Zunder*) ist eine kommerzielle Mobile-Dating-App, die das Ziel hat, das Kennenlernen von Menschen in der näheren Umgebung zu erleichtern. Sie wird zur Anbahnung von Flirts, zum Knüpfen von Bekanntschaften oder zur Verabredung von unverbindlichem Sex verwendet. Tinder kam

2012 erstmals für iOS auf den Markt. Laut eigenen Angaben hatte Tinder im Jahr 2020 sechs Millionen zahlende Benutzer. Insgesamt sind es aktuell ca. 50 Millionen Mitglieder, mit steigender Tendenz. Tinders kommerzielle Zielgruppe sind Frauen und Männer zwischen 18 und 25 Jahren." (Quelle: Wikipedia)

Auch gut zu wissen: Unter Benutzung des Facebook-Profils erhält Tinder die grundsätzlichen Informationen über den Benutzer. Um die Personenvorschläge zu optimieren, analysiert der Tinder-Algorithmus die Profilinformationen und das Verhalten bei Nutzung der App und ordnet sie in eine appinterne „ELO-Rangliste" ein, die allerdings anders funktioniert als die Elo-Zahl in vielen Sportarten. Dieses Ranking gibt Auskunft darüber, wie gut man bei seinen Mitmenschen ankommt. Die Anzahl der Matches ist ein maßgeblicher Teil dieses Verfahrens, allerdings bestimmen noch weitere Faktoren wie beispielsweise die Vielfalt an Informationen, mit der Nutzer ihr Profil ausstatten, über den endgültigen Platz in diesem Ranking. Von dem Ranking verspricht sich Tinder, die Trefferquote ihrer Nutzer erhöhen zu können. Eine besondere Rolle hierbei spielen die geografische Lage, die Anzahl gemeinsamer Freunde und gemeinsame Interessen. Erst nachdem beide Nutzer einander sich als attraktiv eingestuft haben, können sie miteinander chatten. Auf diese Weise haben Nutzer eine Kontrolle darüber, wer ihnen schreiben darf und werden nicht mit Nachrichten von Personen konfrontiert, die sie nicht vorher als attraktiv eingestuft haben.

So viel zu den harten Fakten. Wie es aussieht, gehöre ich offensichtlich nicht zur Hauptzielgruppe (18 bis 25 Jahre), eher zur Seniorenkategorie, aber davon lasse ich mich nicht abschrecken. Hier wird in jeder Altersklasse was geboten und gesucht. Nur weil Mann/Frau bereits über 40 ist, heißt das ja noch lange nicht, dass der Zug bereits abgefahren ist und wir uns auf dem Abstellgleis befinden.

Darüber hinaus bietet auch Tinder einige Zusatzfunktionen an, die selbstverständlich kostenpflichtig sind und als Abo hinzugebucht werden können.

Tinder Plus:
- Unendlich viele Likes pro Tag
- Reisepass-Funktion (an anderen Orten tindern)
- Letzten Swipe zurücknehmen
- 1 gratis Boost pro Monat
- 5 gratis Super-Likes pro Tag
- Alter & Entfernung ausblenden
- Steuern können, wem du angezeigt wirst und wen du siehst
- Keine Werbung

Tinder Gold:
- Bereits vorm Swipen sehen, wer dich mag, wer dich also bereits mit einem Like markiert hat (dadurch kannst du sofort mit diesen Personen matchen).
- Man kann alle 10 Top-Picks Empfehlungen pro Tag liken (in der Gratisversion und mit Tinder Plus kannst du nur ein Profil davon pro Tag mit Like markieren.)

Tinder Platin:
- Andere User auch ohne Match anschreiben (durch das Anhängen einer Nachricht an ein Super-Like)
- „Priorisierte Likes" (Personen, die du mit Like markiert hast, sehen dein Profil beim Swipen früher)

- Sehen, wen du geliked hast (du bekommst eine Übersicht mit allen Profilen, die du in den letzten 7 Tagen mit „Like" markiert hast)

Das sind sicherlich alles nützliche Funktionen, die euch dabei helfen können, mehrerer Matches zu bekommen und besser oder schneller an die richtige Partnerin zu kommen. Ich habe bisher keine dieser Funktionen in Anspruch genommen, da mir die Grundversion bisher völlig ausreicht hat. Da muss jeder für sich selbst entscheiden, ob die jeweiligen Zusatzfunktionen wirklich nützlich sind und ihr bereit seid, dafür zu bezahlen.

Jetzt gehts los

Inzwischen fühlte ich mich seelisch und moralisch bereit, mich auf eine neue Beziehung einzulassen und stürze mich in das Abenteuer Datingportale im speziellen Tinder. Ich hatte mir die App auf meinem Smartphone installiert und ohne irgendwelche Vorkenntnisse direkt damit begonnen, alle erforderlichen Daten für mein Profil einzutragen. Doch da wurde es schon schwierig. Wie soll ich mich hier darstellen und wen oder was suche ich eigentlich? Darüber musste ich mir erst einmal klar werden. Zudem benötigte ich auch ein paar vorzeigbare Fotos, die mich angemessen präsentieren und das Beste von mir zum Vorschein bringen. Die Urlaubsschnappschüsse auf meinem Smartphone sind nicht wirklich repräsentativ, schon alleine aus dem Grund, da meistens andere Familienmitglieder mit auf den Fotos zu sehen sind. Das wollte ich dann doch nicht in meinem Profil präsentieren. Da wäre zu befürchten, dass es zu eventuellen Missverständnissen kommen könnte. Schließlich will ich ja mich ins rechte Licht rücken und nicht unbeteiligte Personen. Die Auswahl meiner Selfies war auch recht begrenzt, da ich in der Vergangenheit selten das Bedürfnis hatte, mich selbst abzulichten. Ich fand das immer recht störend, Landschaftsfotos zu betrachten, auf denen der Fotograf sich selbst verewigt hat.

Erfolgschancen

Als Mann hat man es wirklich nicht so leicht auf Tinder wie die Frauen. Denn es gibt dort einfach viel mehr Männer (ca. 63 %) als Frauen und diese sind dazu auch noch sehr wählerisch. Es hat sich gezeigt, dass die Erfolgschancen wirklich sehr gering sind, wenn man sich keine Mühe gibt und nur ein liebloses Profil zusammenwürfelt. Steckt man jedoch etwas Arbeit und Herzblut rein, dann verbessern sich die Erfolgschancen immens und man kann dann relativ leicht mit neuen Frauen in Kontakt kommen und Matchen.

Auch die Aktivität der Tinder-Nutzer ist sehr hoch. So sollen gemäß Nutzerdaten fast die Hälfte der User täglich aktiv sein. Die gleichen Daten zeigen auch, dass 95 % der Tinder Nutzer ihre Matches innerhalb einer Woche treffen. Während es beim Online Dating generell laut Befragungen nur 25 % sind. Also hat man auf Tinder durchaus eine wesentlich höhere Wahrscheinlichkeit, seine Kontakte recht schnell zu treffen, im Vergleich zu anderen Online-Datingportalen.

Auch die Interaktionen innerhalb der App sollen viel schneller und aktiver sein als in vielen anderen Apps oder bei Singlebörsen. So soll laut Studien auf Tinder wesentlich weniger Zeit zwischen Match und Chat vergehen, als das bei vielen anderen Anbietern der Fall ist. (Quelle: https://tinderacademy.com, Oktober 2010)

Anmerkung

Ergänzend möchte ich noch darauf hinweisen, dass ich mich definitiv nicht als Datingexperte oder Ähnliches betrachte. Alle Dates und Verabredungen, die sich bei mir im Laufe der ganzen Zeit zugetragen haben, dienten nur dem Zweck, tatsächlich die richtige Partnerin für mich zu finden. Mir ging es nie darum, möglichst viele Matches oder Dates zu sammeln.

Sobald ich die Frau gefunden habe, bei der soweit alles passt und wir eine Beziehung eingehen, vorzugsweise ohne Verfallsdatum, ist das für mich verbindlich. Dann werden alle anderen Matches und ggf. Verabredungen auf anderen Portalen höflich abgesagt. Ich habe jede meiner Chat- und Datingparterinnen immer mit Respekt behandelt und war ihnen gegenüber immer ehrlich. Das soll natürlich nicht heißen, dass man sich dem anderen gegenüber komplett offenbaren sollte, zumindest nicht sofort. In dieser Beziehung bin ich vielleicht etwas oldschool aber das erwarte oder erhoffe ich mir zumindest auch von meiner Partnerin – hört sich vielleicht einfach an, ist es aber nicht wirklich.

Leider haben die ganzen Datingportale auch dazu beigetragen, dass Mann und Frau schon mal während einer Beziehung nach jemand anderem bzw. nach einem Partner Ausschau hält, der vielleicht besser zu einem passt, es bieten sich ja so viele Möglichkeiten – frei nach dem Motto: Gelegenheit macht Diebe, in diesem Fall allerdings Fremdgeher. Um das Fremdgehen zu erleichtern, haben sich am Markt noch weitere Datingportale aufgetan, die speziell darauf abzielen, einen Seitensprung oder eine Affäre zu ermöglichen. Da wird man fast schon dazu verleitet, den Partner zu betrügen oder zumindest mal zu schauen, was möglich ist. Das muss natürlich jeder für sich selbst entscheiden, ob er oder sie so einen Service in Anspruch nehmen möchte und bereit ist, seinen Partner zu betrügen.

Für mich ist diese Verhaltensweise absolut inakzeptabel und entspricht ganz und gar nicht meiner Vorstellung einer intakten und gut funktionierenden Beziehung. Wenn es in der Partnerschaft nicht mehr rund läuft, dann sollten beide gemeinsam nach einer Lösung suchen und zumindest versuchen, diese zu retten, sofern auch beiden daran gelegen ist. Wenn sich keine Lösung bietet, die beiden gerecht wird und eine Trennung unvermeidlich ist, dann hat man es wenigstens versucht und man kann sich guten Gewissens trennen. Danach kann dann jeder sein Profil beim jeweiligen Dienst wieder reaktivieren oder die App erneut installieren und wieder in die Datingwelt starten, um sein Glück zu versuchen bzw. zu suchen.

Es wäre schon interessant zu wissen, wie viele Menschen, die sich in einer festen Partnerschaft befinden, Dating-Apps auf ihrem Smartphone installiert haben und diese heimlich nutzten oder nur darauf warten, bis die Beziehung vorbei ist, um sich dann sofort wieder auf die Suche nach dem nächsten Partner zu begeben.

Ich hatte in meinem Bekanntenkreis auch schon mitbekommen, dass ein Ehemann heimlich bei Tinder angemeldet und auf der Suche nach einer Affäre war, um sich in seiner Freizeit etwas Spaß zu gönnen. Dummerweise hat ihn zufällig eine Freundin der Ehefrau dort gesehen und diese umgehend davon in Kenntnis gesetzt. Es ist ziemlich dumm für ihn gelaufen…, inzwischen sieht er seine Kinder nur noch jedes zweite Wochenende. Jetzt hat er aber genug Zeit, sich nach anderen Partnerinnen auf diversen Datingportalen umzusehen. Alleine schon die Absicht, seine Frau zu hintergehen, hat gereicht, um die Ehe zu zerstören.

Auch aus diesem Grund ist davon abzuraten, nach anderen Dates Ausschau zu halten, wenn ihr euch in einer Beziehung befindet, ihr müsst immer damit rechnen, erwischt zu werden. Am einfachsten vermeidet man das, indem man die eine Sache, in diesem Fall die Beziehung, erst zu Ende bringt und sich dann auf die Suche nach einer neuen Partnerin begibt. Ich will hier bestimmt nicht den Moralapostel spielen, aber niemand möchte gern hintergangen oder betrogen werden, weil das einfach ein mieses Gefühl ist.

Noch ein Tipp

Bevor ihr euch bei einem Datingportal anmeldet, um nach einer Partnerin zu suchen, solltet ihr euch auch ganz sicher sein, dass ihr bereit dazu seid. Nur wenn ihr mit eurer vorherigen Beziehung komplett abgeschlossen habt, damit meine ich auch mental, erst dann solltet ihr damit beginnen, euch auf die Suche zu nach einer neuen Partnerin zu begeben.

Ich erwähne das aus gutem Grund, denn bei einigen Frauen habe ich erlebt, dass sie emotional noch nicht bereit dazu waren, sich auf eine neue Beziehung einzulassen. Diese hatten sich erst kurz zuvor von ihrem Partner getrennt und sich bei einem Datingportal angemeldet, obwohl sie noch nicht bereit für eine neue Beziehung waren. Nach dem Date haben sich diese Frauen wieder zurückgezogen, weil sie mit der vorherigen Beziehung innerlich noch nicht abgeschlossen hatten.

Wie lange diese Trennungsphase vom Ex-Partner dauert, ist völlig individuell und nicht absehbar und kann auch nicht verkürzt werden. Das muss jeder mit sich selbst ausmachen. Sich von einer langen Beziehung direkt in eine neue zu stürzen, ist jedenfalls nicht der richtige Weg.

3. DAS PROFIL – TIPPS & TRICKS

Es ist doch gar nicht so einfach, wie ich mir das vorgestellt hatte. Dazu musste ich erst einmal in mich gehen und überlegen, wer bin ich und wie wirke ich überhaupt auf andere, insbesondere auf Frauen und wie möchte ich von diesen wahrgenommen werden?

Ich würde mich selbst als völlig normal bezeichnen, habe keine außergewöhnlichen Fähigkeiten und auch keine besondere Begabung, aber damit kann ich wohl schlecht bei den Frauen punkten. Schließlich muss ich mich doch anpreisen und aus der Masse hervorstechen, ähnlich wie bei einer Bewerbung um einen Job. Letztendlich ist es doch fast das gleiche: Jeder versucht, so gut er kann, sich darzustellen, zwar nicht für einen Job, sondern in diesem Fall, um den perfekten Partner für sich zu gewinnen.

Allerdings ist die Bezeichnung „perfekter Partner" vielleicht etwas hochgegriffen. Ich denke, so etwas wie der perfekte Partner, existiert nur in der eigenen Wunschvorstellung und es ist sehr schwierig, diesen im Internet oder sonst wo ausfindig zu machen. Jeder hat seine eigene Vorstellung vom perfekten Partner. Der, der immer genau das Richtige sagen oder denken würde. Der einen so nimmt, wie man ist und keine Kompromisse verlangt. Diese Perfektion als Partner begleitet einen meist von Kindheit an, sie wird unweigerlich von den eigenen Eltern und dem Umfeld stark geprägt. Jeder, der sich mindestens einmal in einer festen Partnerschaft befand, wird mir sicherlich zustimmen, dass man in einer ernsthaften Beziehung immer Abstriche machen muss, flexibel und kompromissbereit sein sollte, wenn man diese langfristig und erfolgreich führen möchte. Von daher sollte niemand erwarten, dass immer alles reibungslos läuft oder sich von alleine ergibt. Das Einzige was bei Problemen hilft, ist miteinander zu reden.

Der Text

Ohne Text geht es nicht! Nur ein oder zwei Profilfotos von euch reichen nicht aus, um euch ins rechte Licht zu rücken. Das hat nicht genügend Aussagekraft und kann der Damenwelt auch nicht vermitteln, mit wem sie es tun hat. Wie schon zuvor erwähnt, ist erst einmal ein Konzept erforderlich, wie man sich den Frauen auf der Datingplattform darstellen möchte. Deshalb habe ich als Beispiel mal alle meine positiven Eigenschaften, zumindest nach meiner eigenen Einschätzung, aufgelistet, die mir so in den Sinn gekommen sind:

Offen & ehrlich, treu, vertrauensvoll, optimistisch, loyal, unternehmungslustig, sportlich, verständnisvoll, humorvoll, aufgeschlossen, beständig, entspannt, interessiert, neugierig, rücksichtsvoll, ...

Um nur mal einen kleinen Auszug der möglichen Adjektive aus diesem Bereich zu präsentieren. Ich will auch nicht übertreiben, bin ja auch nur ein Mann und damit nicht perfekt. Es bringt aber auch nichts, wenn ihr nur eine Aufzählung all eurer positiven und vorteilhaften Eigenschaften im Profil darstellt, unabhängig davon, ob diese der Wahrheit entsprechen oder nicht. Zu viel des Guten kommt sehr schnell unglaubwürdig und angeberisch rüber. Auf den Gesamteindruck kommt es an, d. h. mit einem vollständigen Text, der euch weitestgehend realistisch darstellt. Wichtig ist, dass der Text insgesamt schlüssig ist und ihr mit Übertreibungen nicht über das Ziel hinausschießt.

Ein Einstiegssatz oder ein Spruch, mit dem ihr euch identifizieren könnt, bildet schon mal einen guten Anfang und lockert die ganze Sache etwas auf. Beispielsweise eine Lebenseinstellung oder eine Art Credo, dass eure Denkweise oder Philosophie widerspiegelt. Die Interessen, Hobbys oder eure Leidenschaften sagen auch Einiges über euch aus und helfen, euch besser einzuschätzen. Gleiche Interessen sind schon mal ein guter Anfang, da hat man bei einem Match auch direkt ein passendes Gesprächsthema, in das man einsteigen kann. Standardsprüche oder Phrasen sollten tunlichst vermieden werden. Auch bei den Damen tauchen gerne immer wieder die gleichen oder identischen Sprüche auf. Es gilt, aufzufallen, und zwar positiv, sonst geht euer Profil so schnell in der Masse unter, wie es aufgerufen wurde und verschwindet wieder – hier ist Kreativität gefragt. Auch ich habe im Laufe der Zeit mein Profil immer wieder verändert und optimiert. Ob es wirklich optimal ist, kann ich selbst nicht beurteilen, jedenfalls kann ich mich damit identifizieren und es entspricht der Wahrheit, ohne Übertreibungen oder unnötige Schnörkel. Zudem versuche ich damit, nur den von mir favorisierten Typ von Frauen anzusprechen.

Auffällig ist auch, dass die meisten Frauen sich mehr oder weniger objektiv selbst beschreiben, aber ganz genau wissen, was sie von dem Mann erwarten und das auch ungeniert in ihrem Profil wünschen oder fordern. Die Männer hingegen beschreiben sich meist ganz gerne selbst und präsentieren sich auch entsprechend. Somit haben wir eine fordernde Seite (Frauen) und eine bietende Fraktion (Männer), von daher sollte es doch eigentlich ganz einfach sein, hier fündig zu werden – sollte man meinen.

Auch bei der Altersangabe sind die Damen zum Teil recht kreativ. Das hier und da mal ein paar Jahre verschwiegen werden, ist nicht selten aber einige übertreiben dabei ein wenig, und es ist unschwer zu erkennen, dass das angegeben Alter sich von den Fotos im Profil stark unterscheidet. Offensichtlich haben da einige ein Problem mit ihrem tatsächlichen Alter und denken, dass es nicht auffällt, wenn ein paar Jahre abgezogen werden. Spätestens beim ersten Treffen kommt dann jedoch die ungeschönte Wahrheit ans Licht.

Rechtschreibung

Rechtschreibung und Grammatik ist sexy, wie es so schön heißt. Wer gut mit Worten umzugehen weiß, hat schon mal einen Pluspunkt. Rechtschreibfehler im Profil können allerdings ein Ausschlusskriterium ein und euch schnell ins Jenseits befördern. Es sei denn, das passende Gegenstück hat beim Deutschunterricht in der Schule gefehlt, und es fällt ihr nicht auf, aber darauf würde ich es nicht ankommen lassen.

Überlegt euch euren Text ganz genau und prüft jedes Wort auf seine Rechtschreibung und auch, ob die Grammatik verständlich und unkompliziert ist. Am besten eignet sich zur Kontrolle ein Freund eures Vertrauens, der der gleichen Sprache mächtig ist. Ansonsten bietet das Internet reichliche Möglichkeiten, der Rechtschreibkontrolle – schließlich ist euer Profil eure Visitenkarte.

Die Daten

Auch eure technischen Daten sind nicht ganz unwichtig, wie z. B. die Körpergröße ist von entscheidender Bedeutung, nicht nur für die Frauen. Hier haben die Männer mit einer geringeren Körpergröße leider schlechtere Karten als diejenigen, die mindestens 1,80 Meter vorweisen können. Hier sollte mit anderen Attributen gepunktet werden oder eine Frau gesucht werden, die ein paar Zentimeter kleiner ist als man selbst. Die meisten Damen bevorzugen nun einmal einen Mann, der größer ist als sie selbst. Dabei ist auch noch der High-Heel-Faktor zu berücksichtigen. Eine Frau von 1,75 Meter ist mit dem entsprechenden Schuhwerk dann mal schnell 1,87 Meter hoch. Das macht schon was aus, wenn der Mann nur 1,70 Meter groß ist. Letztendlich muss das jeder für sich selbst entscheiden, ob er oder sie damit klarkommt.

Auch das Gewicht und Angaben zur Statur können helfen, das eigene Profil aufzuwerten. Ein Beispiel: 1,80 Meter, 77 kg, sportlich schlank – das wäre schon mal ein Körperbau, mit dem man sich nicht verstecken muss und der durchaus nebenbei erwähnt werden kann. Dies spricht aber auch nicht jede Frau an, da gibt es auch ganz andere Wünsche und Vorstellungen. Allerdings sollten Extremsportler, wie Bodybuilder oder Multisportler, die mindestens drei verschiedene Sportarten intensiv und parallel ausüben, sich darüber im Klaren sein, dass das auch nur einen speziellen Frauentyp anspricht. Möchte man mehr Frauen ansprechen, empfiehlt es sich, solche Interessen und Hobbys nicht zu sehr in den Vordergrund zu projizieren.

Der Name

Eigentlich sollte man davon ausgehen, dass jeder seinen richtigen Namen verwendet. Wenn ihr jedoch durch die Portale tingelt und immer wieder nach rechts und links wischt, werdet ihr bemerken, dass die Frauen da zum Teil mehr oder weniger einfallsreich sind. Der Name Sunny oder Sunshine taucht bei ca. jeder zehnten Frau auf. Offensichtlich sehr beliebt, da damit wahrscheinlich Fröhlichkeit und ein sonniges Gemüt suggeriert werden soll. Bei dem Namen Katzenfrau oder Ähnliches wäre ich schon gewarnt.

Benutzt am besten euren richtigen Namen oder seid kreativ bei der Wahl eines Synonyms, dann kommt ihr auch selbst nicht durcheinander. Spätestens beim Match sollte aber jeder sein wahres Ich preisgeben.

Die Fotos

Mit am wichtigsten sind die Fotos, mit denen ihr euch präsentieren wollt, insbesondere das Hauptprofilfoto, der sogenannte Eyecatcher. Drei bis fünf Fotos sollten es insgesamt schon sein, eins alleine reicht nicht, auch wenn es gut ist. Zu viele sollten auch vermieden werden, davon wird die Betrachterin direkt erschlagen und verliert schneller das Interesse. Bei nur einem Foto erweckt ihr den Anschein etwas verbergen zu wollen oder dass es euch an Ideen mangelt. Das Hauptprofilfoto entscheidet, ob ihr das Interesse weckt oder nicht. Falls nicht, wird direkt weiter gewischt, und zwar nach links und damit seid ihr raus. Das Bild sollte euer komplettes Gesicht zeigen, ganz natürlich und entspannt – am besten von der Schokoladenseite. Mit einem natürlichen Lächeln könnt ihr weitere Punkte sammeln, auch hier gilt, nicht aufgesetzt zu wirken und authentisch zu bleiben, aber jedes Detail muss stimmen.

Seid kritisch bei der Auswahl eurer Fotos und versetzt euch in die Lage der Betrachterin, die ihr euch wünscht.

Einige der Fotos sollten auch im Freien, am besten in der freien Natur oder an interessanten Orten aufgenommen werden. Da habt ihr bei gutem Wetter das perfekte Licht und könnt den Hintergrund frei wählen. Der Hintergrund sollte aber nicht von euch, dem Hauptmotiv ablenken. Deshalb ist darauf zu achten, dass ihr immer im Vordergrund seid und durch nichts anderes verdeckt oder überlagert werdet. Mindestens eines der Fotos sollte den gesamten Körper darstellen, damit man euch in voller Größe begutachten kann. Die Fotos sollten idealerweise an unterschiedlichen Tagen aufgenommen werden, damit ihr nicht immer gleich ausseht oder die gleiche Kleidung tragt. Da kommen wir direkt zum nächsten Aspekt, den ihr verinnerlichen solltet. Zeigt keine Fotos, auf denen ihr unbekleidet seid, egal wie toll euer Body auch geformt ist. Ein freier Oberkörper oder Fotos nur in Shorts zerstören mehr als ihr denkt und die wenigsten Frauen erfreuen sich daran.

Es ist auch in Ordnung, wenn ihr ältere Aufnahmen verwendet, soweit diese nicht zu weit zurückliegen – älter als ein bis zwei Jahre sollten diese aber nicht sein. Es geht ja darum, euch so zu präsentieren, wie ihr aktuell ausseht und nicht vor fünf Jahren oder noch weiter zurück. Zu alte oder zu sehr von eurem aktuellen Aussehen abweichende Fotos lösen bei einem ersten Date unter Umständen negative Reaktionen aus, auch wenn sie sich das vielleicht nicht anmerken lässt. Damit lauft ihr Gefahr, dass sie euch nicht für vertrauenswürdig hält und evtl. andere Beschreibungen von euch ebenfalls anzweifelt.

Filter und Bildoptimierer sollten möglichst vermieden werden, eventuell geringfügige Verbesserungen der Fotos sind in Ordnung, dürfen aber nicht auffallen oder das Bild zu sehr verändern. Am Ende kommt es so oder so ans Tageslicht, spätestens beim ersten Treffen. Wenn ihr Selfies erstellt und verwendet, sollte das auf dem Foto nicht unbedingt ersichtlich sein, da bietet sich die Verwendung eines Selfiesticks an, der bei richtiger Handhabung nicht zu erkennen ist. Ansonsten lasst euch von jemand fotografieren, der davon Ahnung hat und weiß, wie eine Kamera zu verwenden ist – es darf nur nicht gestellt wirken. Aufnahmen aus dem Fotostudio sollten ebenfalls nicht in Betracht gezogen werden, diese wirken zu künstlich und vermitteln den Eindruck, dass ihr professionelle Hilfe benötigt, um auf Fotos eure volle Ausstrahlung rüberzubringen. Diese Art von Aufnahmen erinnern dann eher an Bewerbungs- oder Familienalbumfotos und sind für ein Datingportal absolut unpassend.

Wenn ihr euch nur beim Sport oder an spektakulären Orten darstellt, werdet ihr nur darauf reduziert und unter Umständen als Angeber abgestempelt. Protzautos, so beeindruckend sie auch sein mögen, sind bei den meisten Frauen nicht hoch angesehen und erwecken auch keine Gefühle der Zuneigung oder Gelüste für euch. Weitere No-Gos wären, Fotos im Badezimmer, beim Saufurlaub, z. B. am Ballermann, Sonnenbrillen und Hüte, vor der Schrankwand im Schlafzimmer und auch das Fitnessstudio ist nicht der ideale Ort.

Fotos mit anderen Personen, z.B. euren Freunden gehören definitiv auch nicht ins Profil, das führt eher zu Irritationen. Das ist bei den weiblichen Profilen auch immer wieder zu sehen, da stellt sich mir jedes Mal die Frage, ob ich mir eine von denen auf dem Foto aussuchen kann. Oder wie ist das zu verstehen? Zusätzlich besteht auch noch das Recht am eigenen Bild, deshalb sollten Freunde und Bekannte besser nicht mit aufs Foto. Die Ex-Partnerin gehört schon mal gar nicht auf ein Foto, auch wenn der Großteil von ihr weggeschnitten oder retuschiert wurde. Macht euch die Mühe und erstellt neue Fotos ohne Begleitungen, welche beim Betrachter evtl. Fragen hervorrufen könnten.

Viele der Frauen stellen gerne Karnevalfotos von sich ein, warum auch immer, vielleicht soll das ihre Geselligkeit und Feierlaune unterstreichen. Ich bin der Meinung, die gehören nicht ins Profil, solltet ihr besser auch beherzigen. Mir ist es auch völlig unverständlich, warum ein Großteil der Damen mit einem Kussmund oder einem Duckface auf ihren Fotos posieren. Das sieht nicht nur dümmlich aus, es ist inzwischen auch nicht mehr wirklich angesagt. Für Männer ist das sowieso nicht angemessen, verkneift euch besser sämtliche Grimassen – außer einem natürlichen Lachen. Am besten ist immer noch der natürliche und freundliche Style.

Es ist gar nicht so einfach die perfekten Fotos für das eigene Profil zusammenzustellen, wenn man dabei eine gewisse Professionalität an den Tag legen will. Es ist und bleibt nun mal ein Wettbewerb, bei dem ihr nur im Spiel bleibt, wenn ihr eure Vorzüge hervorhebt und dabei nicht übertreibt. Stellt euch am besten dar, wie ihr wirklich seid und versucht nicht etwas anderes vorzutäuschen. Schließlich wollt ihr ja einen bestimmten Typ von Frau ansprechen, der zu euch passt. Es bringt euch nichts, wenn ihr aufgrund eines gefakten Profils einen ganz anderen Frauentypen ansprecht, der euch gar nicht interessiert. Spätestens beim Matchen oder beim ersten Treffen kommt die Wahrheit raus und ihr wollt doch nicht als Mogli (Mogelpackung) enttarnt werden.

Aber auch mit dem nahezu perfekten Profil werdet ihr nicht alle Frauen für euch gewinnen können. Jede Frau hat ihre ganz persönlichen Vorstellungen von ihrem Traummann und die unterscheiden sich ziemlich stark voneinander. Deshalb könnt ihr mit eurem Profil, so gut es auch sein mag, immer nur einen gewissen Teil der Frauen ansprechen.

Rauchen

Mit den Rauchern ist das so eine Sache, entweder man ist einer oder man hasst sie. Da ich selbst Nichtraucher bin, sind Raucherinnen für mich ein No-Go, jedenfalls bei einer dauerhaften Beziehung. Eine Gelegenheitsraucherin wäre noch akzeptabel, würde aber wahrscheinlich irgendwann doch zum Problem werden. Verständlicherweise wird ein Raucher auch nicht auf sein Laster verzichten wollen, nur um dem anderen zu gefallen. Deshalb ist es besser, wenn dieses Laster im Profil mit angegeben wird, um spätere Überraschungen zu vermeiden.

Tiere

Genauso verhält es sich mit Tieren, nur gibt es dabei unterschiedliche Abstufungen. Habt ihr selbst Haustiere, wie Hunde oder Katzen, dann gebt das in eurem Profil besser mit an. Allerdings sollten die lieben Vierbeiner nicht unbedingt mit auf eure Fotos. Es existiert bei vielen immer noch die einhellige Meinung, dass Männer mit Hunden, besonders attraktiv und männlich auf Frauen wirken sollen. Deshalb haben sich tatsächlich einige meiner Geschlechtsgenossen einen Hund ausgeliehen, um sich damit für das Profilfoto ablichten zu lassen, um damit mehr Aufmerksamkeit zu erregen. Ob ein Hund auf dem Foto, der einem nicht gehört, tatsächlich zu einer höheren Erfolgsquote führt, halte ich allerdings für fraglich.

Bei Katzen ist das noch kritischer, da Männer mit Katzen bei den meisten Frauen nicht wirklich gut ankommen. Bei den Damen ist das fast selbstverständlich, ein Großteil hat mindestens eine davon. Das ist in meinem Fall schon ein mittleres Problem, da ich eine Katzenhaarallergie habe. Ich kann Katzen zwar in meiner Umgebung für eine gewisse Zeit ertragen, aber irgendwann macht sich dann doch die Allergie bemerkbar. Solange der haarige Vierbeiner nicht in das Schlafzimmer darf, ist alles gut, sollte er sich aber auch dort aufhalten dürfen, ist bei mir Schluss, denn dann ist für mich die Nacht gelaufen.

Kinder & Familie

Ein ganz großes Thema, bei dem man sich im Klaren sein muss, was man möchte bzw. was man bereit ist zu akzeptieren. Kinder sind toll, keine Frage, aber bei den Kindern von anderen oder der Partnerin kann das schon ganz anders aussehen. Hat man eigene, sollte das im Vorfeld erwähnt werden, insbesondere, wenn diese ganz oder teilweise mit im eigenen Haushalt leben. Wenn sich erst im Nachhinein herausstellt, dass der eine Kinder hat, kann das schnell zu Konflikten führen, wenn der andere nicht dazu bereit ist. Wenn beide Partner Kinder mit in eine Beziehung bringen, haben wir die perfekte Patchworkfamilie. Da müssen aber alle an einem Strang ziehen, auch die Kinder, sonst kommt es unweigerlich zu Komplikationen. Bei solchen wichtigen Themen sollte man vorausplanen und sich klarmachen, was da auf einen zukommen kann. Solch eine Konstellation des Zusammenlebens solltet ihr nur in Erwägung ziehen, wenn ihr das auch wirklich wollt und nicht, um dem Partner gerecht zu werden.

Ebenso ist die Kinderplanung auch nicht ganz unwichtig. Ich habe die Erfahrung gemacht, dass einige Frauen, mit Anfang 40 noch den Wunsch hegen, Nachwuchs zu zeugen und dazu nur den passenden Partner suchen. Es ist besser, wenn man vorher mal darüber gesprochen hat und weiß, was da auf einen zukommt. Wenn im Profil der Dame steht, dass sie „noch" keine Kinder hat, solltet ihr vorgewarnt sein.

Die Fachbegriffe

Viele der Bezeichnungen und Abkürzungen sind euch sicherlich bekannt oder ihr habt sie irgendwo schon mal gehört, aber nicht immer ist auch die jeweilige Bedeutung bekannt, die sich dahinter verbirgt. Auch ich musste mir anfangs erst einmal Klarheit darüber verschaffen, was sich im Einzelnen hinter den jeweiligen Begriffen verbirgt. Jede Branche, so auch der Datingbereich, hat ihre eigenen Fachbegriffe und Abkürzungen, die ich euch hier einmal näher erläutern möchte.

Altlasten: Als Altlasten sind unverarbeitete Erlebnisse und Verletzungen aus früheren Beziehungen zu verstehen. Diese könnten zu einer Belastung für eine neue Partnerschaft werden. Übersteigen sie ein bestimmtes Level, können sie schnell zum Scheitern der neuen Verbindung führen. Dazu gehören aber auch Ex-Partner, mit denen zwar keine emotionale Beziehung mehr besteht, aber die Trennung noch nicht ganz überwunden wurde. D. h. es besteht die Gefahr, dass die alte Beziehung vielleicht doch wiederaufleben bzw. neu gestartet werden könnte.

F+ oder **Freundschaft+:** Eine reine Zweckbeziehung, die das Ziel verfolgt, sich gelegentlich zu treffen, um gemeinsam seinen Spaß zu haben. Das ist für die meisten Männer nahezu die perfekte Art von Beziehung. Leider sehen das mindestens 80 % der Frauen Ü-40 nicht so, zumindest geben sie das auf ihrem Profil an und weisen explizit darauf hin. Damit stellt sich im Umkehrschluss natürlich die Frage, ob die Frauen, die ONS (One-Night-Stands) und F+ nicht ausschließen, dem nicht abgeneigt sind. Fragen sollte man danach besser nicht, das führt automatisch zum Abschuss und nur in ganz wenigen Fällen zum Erfolg. Für diejenigen, die auf solch eine Art von Beziehung aus sind, empfehle ich den Wechsel zu einer anderen Datingplattform, die genau diese Bedürfnisse abdeckt und befriedigt.

Frankophil: Bezeichnet die Liebe von Nicht-Franzosen für alles Französische. Dies kann Frankreich selbst sein, aber auch seine Geschichte, Sprache, Küche oder Selbiges aus französischsprachigen Regionen.

Großzügig: Ist sicherlich kein Fremdwort, aber hier ist Vorsicht geboten. Die Dame ist offensichtlich auf der Suche nach einem Sponsor oder auch Sugardaddy, wie man neudeutsch auch gerne zu sagen pflegt. Für diese Art der Verbindung gibt es inzwischen schon eigene Seiten im Internet. Darauf sollten sich aber auch nur diejenigen einlassen, die tatsächlich spendabel sind. Ob die Gegenleistung, sofern eine erwartet wird, dann auch dem Einsatz entspricht, sei mal dahingestellt.

Ghosting: Wohl eine der bekanntesten und unangenehmsten Datingtrends. Wer „Ghosting" betreibt, macht sich ganz plötzlich, ohne Vorwarnung oder Erklärung, aus dem Staub. Anrufe werden ignoriert, Nachrichten nicht be-

antwortet und bereits vereinbarte Dates werden nicht ein-
gehalten. Es kommt zum völligen Kontaktabbruch, ohne je-
mals darüber gesprochen zu haben. Ghoster nutzen diese
Taktik meistens, um sich vor unangenehmen Konversationen
und Erklärungen zu drücken. Für Ghostingopfer ist dieses
Verhalten besonders frustrierend: Sie werden ohne Erklärung zurückgelassen.

NR: Nichtraucher, kann ein Handicap oder eine Möglichkeit sein, eine Gleichgesinnte zu treffen. Wurde bereits in
Kapitel 3 erwähnt.

ONS: Der One-Night-Stand dürfte sicherlich jedem bekannt sein. Unter Umständen darf man/Mann sogar noch bis
zum Frühstück bleiben, ansonsten wäre es wohl ein One-
Weekend-Stand. Diese werden allerdings, wie Freund-
schaft+, vom Großteil der Frauen strikt abgelehnt. Sie weisen
darauf auch explizit in ihrem Profi hin. Mag sein, dass es an
der Altersklasse liegt. Da kann ich nur mutmaßen, da ich
selbst im Bereich unter 40 nicht aktiv suche. Mir wurde aber
zugetragen, dass in der Altersklasse Ü-20 bis ca. -30 schon
eher Kurzbeziehungen dieser Art gesucht und eingegangen
werden.

Q&A-Date (Question & Answer): Das Date läuft nicht so
richtig, und es werden wieder mal klassische Fragen zu
Schule, Arbeit und Familie gestellt. Du fühlst dich eher wie
bei einem Interview für einen Job als bei einem romanti-
schen Date.

Pansexualität: Ist eine sexuelle Orientierung, bei der Personen in ihrem Begehren keine Vorauswahl nach Geschlecht
bzw. Geschlechtsidentität treffen. Der Begriff Pansexualität

leitet sich von der griechischen Vorsilbe pan (gesamt, umfassend, alles) ab. In der wissenschaftlichen Literatur wird der Begriff nicht einheitlich definiert und verwendet.

Stashing: Dein Datepartner gibt kaum etwas von sich Preis und lädt dich nie zu Treffen mit Freunden und Familie ein? „Stashing" heißt übersetzt so viel wie „verschwinden lassen" – der Partner versucht dabei, die Beziehung möglichst geheim zu halten. Meist weil man die Beziehung nur als temporär oder den Partner als ersetzbar sieht.

Sapiosexuell: „Bezeichnet die erotische Hingezogenheit zum Intellekt einer anderen Person. Der Begriff kann, muss aber nicht eine Präferenz für besonders intelligente Menschen ausdrücken. Es geht zumeist um eine Stimulation auf Basis der besonderen Denkart des anderen. Sapiosexuelle Personen werden gelegentlich auch als „Nymphobrainiacs" bezeichnet, was jedoch teils als extrem bzw. pathologisierend empfunden wird."

Das war mir auch neu und deshalb sollte man sich gut überlegen, ob man eine Partnerin will, die diesen Anspruch hegt, wenn man den nicht erfüllen kann.

Anmerkung

Jetzt hofft der eine oder andere vielleicht darauf, dass ich euch hier das perfekte Profil als Muster präsentiere. Sorry, da muss ich euch leider enttäuschen. Jedes Profil ist individuell und sollte maßgeschneidert auf euch abgestimmt sein. Zudem soll ja nicht jedes Profil dem anderen gleichen, dann würde sich keines mehr hervorheben. Also, seid kreativ und berücksichtig meine Tipps, dann habt ihr eine reelle Chance, auf dem heiß umkämpften Markt der Singles erfolgreich zu sein.

Wie ihr seht, ist es in vielerlei Hinsicht besser, ehrlich zu sein, am besten immer. Lügen kommen früher oder später raus und werden je nach Schwere bestraft, d. h. die Belogene zieht ihre Konsequenzen daraus, macht sich von dannen und meldet sich nicht wieder. Wenn schon zu Beginn einer Beziehung Unwahrheiten aufgedeckt werden, kann sich das nur zu eurem Nachteil auswirken, da dann schnell vermutet wird, dass da eventuell noch mehr geflunkert wurde. Bei kleinen Anpassungen der Wahrheit kommt es nur auf die richtige Darstellung an und diese werden in der Regel eher verziehen, wenn das Gesamtpaket akzeptiert wird.

Berücksichtig immer, jede Frau hat ihre eigenen Ansichten und Vorstellungen von ihrem Partner, genau wie ihr. Es gibt kein Profil, das alle Frauen in gleichem Maße anspricht. Deshalb ist immer abzuwägen, ob ihr lieber die breite Masse ansprechen wollt, indem ihr einen allgemein gehaltenen Text verwendet oder auf einen speziellen Typ von Frau abzielt, indem ihr das Profil maßgeschneidert darauf abstimmt. Es hängt ganz davon ab, was ihr erreichen wollt: entweder möglichst viele Frauentypen ansprechen oder nur eine spezielle Zielgruppe.

4. DIE FRAUENTYPEN

Es ist immer am einfachsten, wenn man Menschen in Schubladen stecken und kategorisieren kann. Das erleichtert die Sache und die Suche ungemein. Das ist keine böse Absicht, aber der Mensch denkt nun mal in solchen Schubladen, kann mich selbst auch nicht davon freisprechen. Deshalb habe ich nach eigenem Ermessen einige spezielle Typen von Frauen in Kategorien unterteilt. Eigentlich spricht die Bezeichnung schon für sich und wahrscheinlich haben die meisten von euch schon ein Bild vor dem geistigen Auge, wenn ihr nur den Namen lest. Sicherlich gibt es noch unzählige weitere Frauentypen bzw. Kategorien, aber ich wollte es nicht übertreiben und nur die offensichtlichsten vorstellen, die mir aufgefallen sind.

Die folgenden aufgeführten Frauentypen sind von mir generiert, und somit besteht kein Anspruch auf Vollständigkeit. Wahrscheinlich könnte man noch unzählig viele Charaktere bilden, aber das ist gar nicht meine Absicht. Ich möchte euch damit nur verdeutlichen, dass es einfacher ist, Menschen danach zu klassifizieren, was ihre herausragensten Eigenschaften sind, bzw. was sie durch ihr äußeres Erscheinungsbild und ihren Profiltext darstellen und wie sie somit von anderen wahrgenommen werden. Das heißt nicht zwangsläufig, dass Frauen diesem Klischee tatsächlich immer entsprechen, deshalb sollte man mit Vorverurteilungen vorsichtig sein.

Die Tierfrau

Tiere sind toll, aber die Tiere des anderen können eine Beziehung schon mal auf die Probe stellen. Entscheidend ist, dass man abschätzen kann, worauf man sich dabei einlässt und auch bereit ist, seine Partnerin mit evtuell mehreren Tieren zu teilen. Die lieben Vierbeiner werden im Profilfoto auch gerne mit dargestellt, dann ist man zumindest schon einmal vorgewarnt. Ein Großteil der Frauen ist nun einmal tierliebend und hat auch mindesten eins davon. Sehr beliebt sind natürlich Katzen, am besten noch mehrere davon. Wenn ich auf einem der Profilfotos schon eine oder mehrerer dieser schnurrenden und haarenden Geschöpfe sehe, bin ich schon geneigt, nach links zu wischen. Ich bin nicht unbedingt ein großer Katzenfreund und die Katzenhaarallergie tut ihr Übriges.

Bei Hunden ist es etwas anders, die beanspruchen wesentlich mehr Zeit und Aufmerksamkeit als Katzen und können auch nicht zu lange allein gelassen werden. Deshalb seid euch immer im Klaren darüber, ob ihr bereit seid, die zweite Geige in der Beziehung zu spielen. Der Vierbeiner ist nun mal ein Familienmitglied und wird bei allen Aktivitäten mit eingeplant und ist auch fast immer mit dabei. Im schlimmsten Fall kann es auch sein, dass der Vierbeiner euch nicht akzeptiert, und da wird sich das Frauchen mit Sicherheit gegen euch entscheiden.

Das „High End" der Tierfrau ist diejenige, die ohne Tiere nicht leben kann und mehrere Tierarten gleichzeitig beherbergt und versorgt, d. h. Hund(e) und Katze(n) unter einem Dach und am besten noch ein Pferd im Stall. Da kann man sich leicht ausrechnen, wie viel Zeit noch füreinander übrig bleibt. Vor allem, wenn die lieben Kleinen oder Großen auch mit ins gemeinsame Bett dürfen. Diese Kategorie Frau ist also nur für absolute Tierliebhaber geeignet, die damit leben können und wollen.

Die Businessfrau

Sie ist schon an ihren Profilbildern leicht zu erkennen, die häufig wie die Titelseite eines Managermagazins wirken. Dieser Typ Frau wirkt sehr erhaben, erfolgreich und irgendwie unnahbar. Da die Fotos ansprechend und häufig professionell wirken, könnte man fast den Eindruck gewinnen, dass es sich hier um eine Bewerbung für einen Job im Management handelt. Worte wie zielstrebig, erfolgsorientiert, ehrgeizig usw. beschreiben sie wohl am besten. Auch in ihrem Text spiegelt sich ihre Weltanschauung, die dem Erfolg und der Karriere gewidmet ist. Da wird natürlich erwartet, dass der Mann an ihrer Seite ebenso denkt und zielstrebig an seiner beruflichen Laufbahn arbeitet. Warum auch nicht? Wer etwas zu bieten hat, kann auch etwas fordern oder zumindest erwarten. Nur ob diese Forderungen auch erfüllt werden, ist wieder eine ganz andere Sache. Dieser Typ Frau lässt natürlich vermuten, dass da nicht viel Zeit für eine leidenschaftliche Beziehung übrigbleibt und der potenzielle Partner mindesten ebensolche Attribute vorweisen sollte.

Andererseits könnte dieser Typ Frau auch auf eine ganz andere Art von Partnerschaft aus sein. Da der Job im Vordergrund steht und nicht allzu viel Zeit in eine Beziehung investiert werden soll, besteht ebenso die Möglichkeit, dass sie auf der Suche nach einem Toyboy ist, um sich die wenige freie Zeit angenehm zu vertreiben. Dafür müsst ihr allerdings ganz andere Qualitäten als einen Managerposten vorweisen können. Wenn das nicht aus dem Profil zu entnehmen ist, wonach sie auf der Suche ist, versucht euer Glück – die Hoffnung stirbt bekanntlich zuletzt.

Die Partyqueen

Ist die Frau, mit der man eine Menge Spaß haben kann, in Bezug auf Feiern und Partys. Jedoch nur, wenn ihr dabei mithalten könnt, ansonsten geht sie mit anderen aus und hat mit denen ihren Spaß. Wenn ihr lieber zu Hause bleibt oder Partys nicht viel abgewinnen könnt, dann seid hier falsch und werdet bald merken, dass diese Konstellation auf lange Sicht keinen Bestand haben wird. Sie hat ein Durchhaltevermögen, das ihres Gleichen sucht und meistens verlässt sie als letzte die Party.

Schon auf den Profilfotos ist schnell zu erkennen, dass diese Frau dem Feiern nicht abgeneigt ist. Auf den meisten ihrer Fotos sieht man sie inmitten einer feucht fröhlichen Party, zusammen mit ihren Feierfreundinnen. Gerne mit einem Glas eines Kaltgetränks in der Hand, das sie nur ungern loslässt. Natürlich sind auch die obligatorischen Karnevalsfotos sehr beliebt, insbesondere im Kölner Raum. Dabei wird dann auch schon mal der eigene Partner, der nicht dabei ist, vergessen und mit einem anderen Feierfreudigen vorliebgenommen. Getreu dem Motto: Was an Karneval passiert, bleibt auch im Karneval.

Die unsichtbare Frau

So nenne ich sie nur, weil sie auf ihrem Profil nicht in Erscheinung tritt. Zwar sind Fotos vorhanden, nur stellen diese nicht die erwartete Dame dar, sondern lediglich Landschaftsbilder, Blumen, Sonnenuntergänge oder irgendwelche Sprüche und Zitate. Bei anderen Frauen ist manchmal doch ein kleiner Teil oder ein Ausschnitt von ihr sichtbar, aus dem aber beim besten Willen nicht abgeleitet werden kann, wie sie wohl im Ganzen aussieht. Auch ein Text ist meist gar nicht vorhanden oder nur sehr spärlich, sodass ihr weiter im Un-klaren bleibt, was sich hinter diesem Profil eigentlich ver-birgt.

Mir ist nicht ganz ersichtlich, was damit bezweckt werden soll. Ein Profil ohne verwertbares Foto ist für mich nutzlos, da ich diese Dame ganz gewiss nicht liken würde. Für mich ist das Aussehen meiner Partnerin nicht ganz unwichtig und ich möchte schon gerne wissen, mit wem ich es zu tun habe. Egal wie die Betreffende auch aussieht, jeder hat einen an-deren Geschmack und eine eigene Vorstellung von den äu-ßerlichen Gegebenheiten der Kandidatin.

Eine Möglichkeit wäre natürlich, dass es sich dabei um ei-nen sogenannten Geist bzw. ein Fake Profil handelt, hinter dem sich jemand versteckt, der sich auf dem Portal nur um-sieht und im Hintergrund verweilt, ohne selbst aktiv zu wer-den. Wie auch immer, ich würde jedenfalls davon abraten, dieses Profil ernsthaft in Erwägung zu ziehen, es sei denn, ihr wollt die Katze im Sack kaufen.

Die Hausfrau

Getreu dem Motto: Mutti ist die Beste. Für jeden, der sich bei seiner Mama am wohlsten fühlt oder gefühlt hat, ist diese Kategorie von Frau sicherlich die am geeignetste. Da kann man im Idealfall von der eigenen Mama direkt zur Part-nerin wechseln, die einen liebevoll umsorgt. Diese Frau ist perfekt durchorganisiert und weiß das Leben zu meistern. Sie kann auch schwierige Situationen diplomatisch oder mit der erforderlichen Strenge bewältigen. Wer sich gerne bemut-tern und verwöhnen lässt, ist hier bestens aufgehoben, muss aber auch damit rechnen, dass sie gerne das Ruder in der Hand hat und den Ton angibt. Die Kinder sind bereits aus dem Haus und da wird es der Hausfrau schnell langweilig, deshalb begibt sie sich auf die Suche nach einem adäquaten Ersatz, der diese Rolle gerne einnimmt.

Es ist nicht immer ganz so einfach, diesen Typ Frau anhand ihrer Fotos sofort zu erkennen, da die wenigsten sich am Herd mit Schürze und Kochlöffel in der Hand ablichten lassen. Da müsst ihr bei den Bildern schon genau hinschauen, ob irgendetwas darauf hindeutet. Ansonsten ist anhand des Textes, mit dem sie sich selbst beschreibt, eventuell herauszulesen, ob sie diesem Typ entspricht.

In meinem Bekanntenkreis kenne ich sogar solch ein Pärchen und da funktioniert das Zusammenleben ganz wunderbar. Nachdem die beiden ca. ein Jahr lang zusammen waren, ist er dann zu ihr gezogen und lebt seit einigen Jahren bis zum heutigen Tage mit ihr und ihrem erwachsenen Kind glücklich und zufrieden in ihrer Wohnung.

Das Vollweib

Frauen sollen Frauen sein, und das ist auch gut so. Es gibt kein Idealmaß oder Gewicht, das vorschreibt, wie die Frau eures Herzens geformt sein soll. Da müsst ihr ganz nach eurem Geschmack und euren Vorlieben entscheiden. Allerdings ist das nicht immer ersichtlich, da einige Damen dazu neigen, ihre Form oder Statur zu verbergen oder zu kaschieren. Wenn nur Profilfotos von ihrem Gesicht vorliegen, kann so gut wie gar nicht auf den gesamten Körper geschlossen werde. Nur ganz wenige Damen geben bei den Daten auch ihr Gewicht preis und wenn, dann auch nur, wenn die Angaben innerhalb „normaler/akzeptabler" Werte liegen. Das ist und bleibt wohl immer ein unangenehmes Thema, über das die Frau nur sehr ungerne Auskunft gibt – selbst in einer Beziehung. Wenn jedoch auf den Fotos ungefähr zu erkennen ist, ob es sich eher um eine schlanke oder kräftigere Person handelt, wäre doch allen damit geholfen.

Die Profilauffrischerin

Diese präsentiert sich mit mehreren Fotos, auf denen sie anfangs ganz anders aussieht als auf den letzten Fotos, sodass der Anschein erweckt wird, dass es sich dabei um eine völlig andere Person handelt. Entweder weil zwischen den Fotos schon einige Jahre liegen und/oder sie ihr Äußeres stark verändert hat, beispielsweise durch Gewichtszunahme, wobei die letzten Fotos meist den aktuellen Status widerspiegeln. Immerhin ist sie so ehrlich und zeigt sich so, wie sie aktuell aussieht. Es sollten unbedingt immer nur aktuelle Fotos verwendet werden. Was hilft es mir, wenn ich weiß, wie die Person vor mehreren Jahren mal ausgesehen hat?

Die Fitness- oder Powerfrau

Ohne Sport geht gar nichts, ist ihre Devise und das in den verschiedensten Variationen. Das ist auf ihren Fotos auch meistens direkt zu erkennen, da sie ihren durchtrainierten Body auch gerne ins rechte Licht rückt und zur Schau stellt. Joggen, Fitness, Pilates, Power-Work-out, Mountainbiking, Skifahren und vieles mehr stehen bei ihr auf dem Programm und das am besten täglich. Ähnlich wie bei der Businessfrau, bleibt auch da nicht allzu viel Zeit für eine feste Partnerschaft. Aber wenn beide dem gleichen Hobby frönen, könnte hier sicherlich eine wunderbare Sportbeziehung entstehen, sofern ihr auch die gleichen Sportarten betreibt.

Eine Beziehung mit diesem Typ Frau sollte also nur ernsthaft in Erwägung gezogen werden, wenn ihr bereit seid, mit diesem Powerbündel mitzuhalten.

Die vegane Esoterik-Yoga-Gesundheitsfrau

Früher, in der 80er-Jahren, nannte man sie noch Öko- oder Müslitanten, diese Bezeichnung ist aber inzwischen verpönt und nicht mehr zeitgemäß, zumal diese Attribute inzwischen eher als positive Eigenschaften zu deuten sind. Sie verkörpert praktisch den perfekten Gutmenschen, der ausschließlich positive Eigenschaften beherbergt. Ihre Intention ist es, die Welt zu verbessern und ihre Mitmenschen am besten direkt mit. Sie ist im Einklang mit sich und ihrer Umwelt und verfolgt dieses Ziel unbeirrt weiter. Deshalb wird sie sich auch von nichts und niemandem davon abbringen lassen. Wenn sie dazu auch noch missionarisch aktiv ist und versucht, andere von ihrem Glauben zu überzeugen, kann das eine Beziehung schon stark belasten. Auf ihren Fotos ist sie meist bei ihren Lieblingsaktivitäten zu sehen, wie z. B. Yoga, Pilates, Meditation und sonstigen spirituellen Beschäftigungen. Auch in ihrem Profiltext weist sie gerne explizit darauf hin, was ihre Leidenschaften sind und dass sie diese jederzeit auslebt und praktiziert.

Dieser Typ ist wirklich nur für Gleichgesinnte zu empfehlen oder zumindest für diejenigen, die sich mit dem Gedanken tragen, ebenfalls diese Philosophie zu leben. Kompromisse wird sie nicht eingehen, da sie sonst das Gefühl hätte, sich selbst zu verraten. Vielleicht habe ich hier auch ein klein wenig übertrieben, da kaum eine Frau all diese Kriterien gleichzeitig verkörpert. Deshalb sollte man ungefähr wissen, worauf man sich einlässt, wenn eine Frau mindestens zwei dieser Vorlieben in ihrem Profil hervorhebt.

Das Model

Das Model ist unverkennbar, immer top gestylt und perfekt geschminkt, manchmal vielleicht auch etwas zu viel des Guten. Ihre Leidenschaften sind: Shopping, Mode, Ausgehen und ähnliche Aktivitäten. Der Kölner bezeichnet sie auch gerne als die typische Düsseldorferin. Böse Zungen würden sie auch abwertend als Kö-Schlampe (gemäß der berühmten Flaniermeile „Königsallee") bezeichnen, da Düsseldorf sich selbst gerne als Modestadt darstellt. Ihr äußeres Erscheinungsbild ist ihr extrem wichtig und Kritik daran wird nicht akzeptiert. Selbst ihrem Partner zeigt sie sich nur ungern und selten ungeschminkt. Das wirkt sich natürlich auch auf das Zusammenleben aus, das dadurch unwillkürlich beeinflusst wird. Allerdings hat sie ähnliche Erwartungen auch an ihren Partner, der selbstverständlich immer gepflegt zu sein hat und auch optisch etwas hermachen muss. Ein untrainierter Körper wird von ihr eher missbilligt. Da können die Sportskanonen unter euch, die ebenfalls viel Wert auf ihr Äußeres legen, am besten punkten.

Eine spezielle Kategorie der Modelfrau ist das Insta-Model, dass nach Möglichkeit jede Situation in ihrem Leben der Öffentlichkeit auf Instagram und sonstigen Social-Media-Plattformen zur Schau stellt. Da ist absolute Perfektion gefragt und jegliche Art von Natürlichkeit verpönt. Dazu gehört selbst-verständlich auch, dass die veröffentlichten Fotos vorher noch intensiv bearbeitet und gefiltert werden. Wenn sie damit auch noch Geld verdient, da die Anzahl ihrer Follower schon auf ein beachtliches Maß angewachsen ist, könnt ihr euch sicherlich denken, dass diese Form der Selbstinzenierung eine Menge Zeit kostet; Zeit, die dann für einen eventuellen Partner nicht mehr erübrigt werden kann.

Im Grunde genommen geht es ihr in erster Linie um Selbstbestätigung, die durch möglichst viele Likes und Kommentare auf ihrem Profil weiter genährt wird. Wenn die besagte Frau also ihr Insta-Profil mit angibt, werft besser mal einen Blick darauf und bildet euch eure eigene Meinung dazu.

Die ganz normale Frau

Ok, was ist schon normal? Einfach gesagt, eine Frau, die keinem typischen Klischee entspricht und auch nicht so einfach in eine Schublade gesteckt werden kann. Das ist natürlich anhand ihres Profils nicht immer ersichtlich, insbesondere, wenn dieses sehr spärlich ist und kaum oder gar keine Informationen enthält. Zugegeben, normal hört sich eher langweilig an, das kann aber auch auf jeden anderen Typen zutreffen. Ich persönlich favorisiere auch eher diesen Frauentyp, da ich auf keinen bestimmten Charakter oder Typ fixiert bin.

Fazit

Verständlicherweise erfüllt eine Frau nicht immer nur einen, sondern vereint teilweise auch mehrere Typen. Es ist auch nicht immer ersichtlich, welcher Typ verkörpert wird. Jeder Mensch hat nun einmal seine Ecken und Kanten, die seinen Charakter ausmachen und ihn liebenswert oder unausstehlich machen. Das macht doch gerade den Reiz aus, dass ein Mensch wesentlich vielschichtiger ist, als der erste

Anschein es vermuten lässt. Deshalb nicht direkt abschrecken lassen, wenn das Profil der Dame augenscheinlich nicht alle eure Wünsche erfüllt. Häufig verbirgt sich mehr dahinter, als der Anschein oder die Beschreibung es vermuten lassen.

Manchmal findet ihr das beim Match heraus, spätestens aber beim persönlichen Kennenlernen erkennt ihr, welchem Typ sie tatsächlich entspricht. Ein bisschen Spannung muss ja schließlich auch sein, sonst wäre es doch zu langweilig, wenn man bereits im Vorfeld wüsste, was auf einen zukommt. Auch die von mir aufgezeigten einzelnen Typen sind nicht immer ganz so ernst zu nehmen und mit einer gewissen Portion Humor zu betrachten.

5. DAS MATCH ODER DAS VORSPIEL

Ein sogenannter Swipe nach rechts bedeutet, dass dir die Person gefällt. Ein Swipe nach links bedeutet das Gegenteil. Erst wenn zwei Personen sich gegenseitig liken, kommt ein Match zustande – so viel zur Definition. Sobald das Match startet, öffnet sich ein Chatfenster und ihr könnt mit der schriftlichen Konversation beginnen. Das ist der eigentliche Start eurer Beziehung auf der Datingplattform und es ist nicht absehbar, was sich daraus entwickeln wird.

Die Wahrscheinlichkeit auf ein Match, lässt sich ganz einfach errechnen. Wenn ca. 10 % der begutachteten Damen ein Like erhalten und die Gegenseite ebenso verfährt, dann liegt die Change bei einem Match bei ziemlich genau einem Prozent. In der Realität kann man aber davon ausgehen, dass die Damen noch wesentlich kritischer aussortieren, da in aller Regel ein Überangebot an Männern herrscht. Das heißt 1 % ist noch recht hoch gegriffen und wenn beide Seiten gleichermaßen voreingenommen bei der Auswahl des Partners sind, sinkt die Wahrscheinlichkeit schnell auf lächerliche 0,25 % oder weniger – so viel zur Wahrscheinlichkeitsrechnung. Jedenfalls will ich euch nur verdeutlichen, dass ein Match nicht so einfach zustande kommt und euer Profil in entscheidendem Maße dazu beiträgt, wie hoch eure Chancen sind. Das ist die Eintrittskarte zum nächsten Schritt – das Match.

Ihr habt es geschafft …, ein Match bzw. ein virtuelles Treffen auf der Plattform ist zustande gekommen. Allerdings heißt das noch lange nicht, dass es auch tatsächlich stattfindet. Es kommt nicht selten vor, dass ein gerade begonnenes Match kurzerhand von der Gegenseite wieder aufgelöst wird, bevor überhaupt irgendeine Kommunikation stattgefunden hat. Einige Matchpartnerinnen ghosten auch schon an dieser Stelle und reagieren gar nicht auf eine nette und freundliche Anrede. Damit müsst ihr immer rechnen und den Grund dafür werdet ihr niemals erfahren.

Wer schreibt zuerst?

Es gibt da eigentlich eine klare ungeschriebene Regel: Wer zuletzt liked und damit das Match auslöst, derjenige oder diejenige sollte auch damit beginnen. Leider verhält es sich meistens so, dass ein Großteil der Damen da eher etwas zurückhaltend ist. Trotz Emanzipation und Gleichberechtigung, wartet die Dame gerne ab und überlässt es dem männlichen Gegenpart, das Match zu eröffnen. Ist ja auch viel einfacher, aus der Defensive heraus zu agieren. Dabei kann Frau schon mal ungefähr abschätzen, wer oder was da auf sie zukommt und wen sie zu erwarten hat. Als Mann sollte man sich darüber im Klaren sein, dass die Damenwelt weit mehr Likes und Aufmerksamkeit zu Teil werden als den Männern. Je großzügiger sie mit ihren positiven Swipes sind, desto höher ist die Chance auf ein Match.

Attraktiv wirkende Frauen erhalten sehr viel Zuspruch von der Männerwelt und kommen kaum noch hinterher, alle Matches und Anreden zu sichten, geschweige denn zu beantworten. Da wird jedes Like von ihr fast immer zu einem Match und wenn ihr dem Attraktivitätsniveau der Frau nicht entsprecht, dann seid ihr raus. Klingt hart, ist aber so, und damit muss man einfach umgehen können. Letztendlich reicht es ja schon, wenn ein einziges Match zustande kommt, dem ein Date auf ein weiteres folgt und irgendwann führt es zur gewünschten Beziehung. Das wäre der Idealfall und es kommt tatsächlich immer wieder vor. Ich kenne selbst einige Beziehungen aus meinem Bekanntenkreis, bei denen es geklappt und sogar gehalten hat.

Es bringt aber auch nichts, mit den Likes nur so um sich zu werfen, nur um die Möglichkeit auf ein Match zu erhöhen. Da kommen dann zwar mehrere Matches zustande, aber überwiegend mit Frauen, mit denen ihr eigentlich keine Beziehung eingehen wollt. Das Sammeln von Matches bringt nichts, wenn nicht die Absicht dahintersteht, die Partnerin auch kennenzulernen.

Die Eröffnung oder Anrede

Die Anrede ist der erste und wichtigste Schritt bei der schriftlichen Eroberung der Frau und sollte mit äußerster Sorgfalt erstellt werden. Hier ist wie beim Profil ebenfalls Kreativität und Einfühlungsvermögen gefragt. Wenn dabei mit den falschen Worten gestartet wird, hat man bereits verloren. Deshalb ist es besonders wichtig, dass ihr euch das Profil der Matchpartnerin zuvor besonders gut anseht. Dabei erweist sich die Kunst des zwischen den Zeilen Lesens als besonders hilfreich. Gerne werden seitens der Frau ganz konkrete Forderungen gestellt, die der Mann zu erfüllen hat oder Eigenschaften genannt, die er auf gar keinen Fall besitzen darf. Da muss jeder selbst abwägen, ob Abweichungen dieses Wunschkataloges evtl. zu einem Ausschlusskriterium führen können. Eine Grundregel dabei ist, immer höflich und freundlich zu bleiben, wie bei einem realen Treffen. Mit einer forschen oder aufdringlichen Vorgehensweise werdet ihr kaum Erfolg haben. Auch mit Eröffnungssätzen wie

„Hallo, wie gehts?" oder *„Alles klar bei Dir?"* erntet ihr bestenfalls Missachtung und landet umgehend im Nirwana

der unbeantworteten Matches. Auch ein Nachfragen nach einigen Tagen wird unbeantwortet bleiben und früher oder später gelöscht.

Auch anhand der Fotos der Dame können gewisse Hobbys und Leidenschaften erkannt werden. Wenn das Profil ausschließlich aus Fotos besteht, habt ihr sowieso keine andere Möglichkeit, als darauf zurückzuschließen. Tierbesitzerinnen oder auch die sogenannten „Tierfrauen" stellen sich gerne mit ihrem kleinen oder großen Liebling in Pose. Auch die bevorzugten Urlaubsregionen lassen sich so gut erkennen und bieten ein ideales Gesprächsthema.

Hier mal ein unverfängliches Beispiel:

Hallo X,

Du hast eine sympathische Ausstrahlung und auch dein Profil finde ich sehr ansprechend. Wie es scheint, haben wir einige gemeinsame Interessen. Auch ich gehe gerne ins Museum, wäre doch schön, wenn wir mal gemeinsam eine Ausstellung besuchen würden. Freue mich sehr, wenn du dich zurückmeldest. Hoffentlich bis bald.

Liebe Grüße, Y.

Ist ganz allgemein gehalten, aber spielt schon mal auf ihre Interessen an, und damit habt ihr schon mal einen Fuß in der Tür und im besten Fall das ideale Einstiegsthema. Schreibt nicht zu viel, aber auch nicht zu wenig. Damit habt ihr gezeigt, dass ihr das Profil gelesen habt und euch für sie interessiert. Außerdem macht ihr euch schon einmal damit interessant, dass ihr eine Übereinstimmung aufgezeigt habt, die in einer eventuellen Partnerschaft gemeinsam ausgelebt werden könnte. Komplimente hört jeder gern, übertreibt es aber nicht und bleibt realistisch. Reduziert dabei die Matchpartnerin nicht nur auf ihr Äußeres und spielt auch auf andere Dinge in ihrem Profil an. Attraktive Frauen wissen um ihr Äußeres, wie sie auf Männer wirken und bekommen das auch oft genug zu hören oder zu lesen. Deshalb seid originell und hebt hervor, was nicht offensichtlich ist, z. B. ihre nette und/oder sympathische Ausstrahlung, wie in meiner Beispielanrede.

Wenn die Matchpartnerin dann tatsächlich auf euer Anschreiben antwortet, habt ihr ein zweites Mal ihr Interesse geweckt und es liegt nun in eurer Hand, dass Match fortzuführen und am Leben zu halten. Da ist Durchhaltevermögen gefragt, denn einerseits solltet ihr euch für sie interessieren, andererseits müsst ihr euch in die Waagschale werfen, ohne dabei zu übertreiben. Es ist in der Tat nicht so einfach, das am Anfang des Matches abzuschätzen, da niemand sein Gegenüber kennt und diesen auch noch nicht charakterisieren kann. Deshalb heißt es, ganz behutsam vorzugehen und nichts zu überstürzen, sich Schritt für Schritt heranzuwagen, wie an eine Tretmine, die bei falscher Handhabung sofort hochgeht. Das Vertrauen muss langsam aufgebaut und gehalten werden. Wenn der Austausch bzw. das Match langsam Fahrt aufnimmt, bleibt dran und zeigt weiterhin Interesse. Das geht am einfachsten, wenn ihr beim Schreiben mit einer Frage abschließt, dann liegt es an ihr zu antworten. Wie intensiv ihr euch austauscht, ergibt sich aus dem Verlauf des Matches. Zu schnelles vorpreschen kann zur sofortigen Beendigung der Konversation führen. Deshalb reagiert sehr feinfühlig auf ihre Aussagen und baut keinen Druck auf. Das ist vergleichbar mit einem Tanz, bei dem der Mann führt. Auch beim Match solltet ihr die Führung übernehmen und nach Möglichkeit behalten. Versuche den Schriftwechsel in die richtige Richtung zu lenken, ohne dabei zu dominant zu sein.

Manchmal wird der Eindruck erweckt, dass das Match von ihrer Seite abrupt beendet wurde, aber in den meisten Fällen liegt es nur daran, dass die Gegenseite eine Pause eingelegt hat oder einer anderen Tätigkeit nachgeht. Lasst euch davon aber nicht abschrecken und wartet ab, hier ist Geduld gefragt. Im ungünstigsten Fall kann es auch daran liegen, dass sie parallel ein anderes Match mit einem Nebenbuhler führt und sich von diesem im Moment mehr angezogen fühlt. Eigentlich heißt es ja, dass Frauen multitaskingfähig sind und mehrere Dinge gleichzeitig erledigen können – das trifft aber nicht auf alle zu. Da müsst ihr einfach geduldig sein und warten, bis sie wieder reagiert und antwortet. Zuviel nachfragen bringt auch nichts und führt nur dazu, dass sie sich bedrängt fühlt.

Auf Smalltalk sollte weitestgehend verzichtet werden, da sie sonst schnell gelangweilt ist, das Interesse verliert und das dann zum Einschlafen der Kommunikation führen kann.

Zielgerichtete Fragen, die nicht mit einem Ja oder Nein beantwortet werden können, sind am besten, um einen stockenden Schriftwechsel wieder aufleben zu lassen. Dabei aber nicht nerven oder bedrängen, sondern auch von eurer Seite erzählen, was euch selbst bewegt und interessiert. Mit einer offenen und persönlichen Erzählweise werdet ihr auch die Frau eher dazu bringen, aus sich herauszugehen und vertrauliche Dinge preiszugeben.

Wenn von ihrer Seite keinerlei Reaktion mehr erfolgt, hat sie sich offensichtlich für jemand anderen entschieden oder einfach kein Interesse mehr. Das müsst ihr dann wohl oder übel hinnehmen, denn darauf habt ihr absolut keinen Einfluss. Somit könnt ihr euch auf das nächste Match konzentrieren und erneut euer Glück versuchen.

Der Verlauf

Wenn das Match gut läuft und ihr schon viele Informationen über sie in Erfahrung gebracht habt, kann schon von einer gewissen Vertrautheit gesprochen werden, obwohl ihr die Gegenseite noch nicht persönlich kennengelernt habt.

Es empfiehlt sich, nach einer gewissen Zeit, zu einem anderen Messenger-Dienst zu wechseln, wie z. B. WhatsApp. Das erleichtert die ganze Sache und ihr seid nicht auf die jeweilige Datingplattform angewiesen. Dazu muss allerdings schon ein gewisses Vertrauen aufgebaut sein, um dem Match-Partner die eigene Handynummer mitzuteilen. Einige Frauen sind damit sehr vorsichtig und geben ihre Telefonnummer nicht so schnell preis. Da heißt es einfach, Geduld bewahren und auf dem herkömmlichen Weg weiter matchen. Es ist aber auch verständlich, falls sie schon einmal schlechte Erfahrungen gemacht haben sollte und bereits mit den berühmt berüchtigten Bildern von männlichen Körperteilen, den sogenannten „Cock Pics" beglückt wurde. Sorry, aber das ist absolut unangemessen und ich habe wirklich noch von keiner Frau gehört, dass das zum Erfolg geführt hätte. Jedoch praktizieren einige meiner Geschlechtsgenossen diese Art der Zurschaustellung ihres kleinen „besten Freundes". Keine Ahnung, was in den Köpfen solcher Männer vorgeht.

Ich würde allerdings dringend davon abraten, euer Facebook-Profil bekanntzugeben, um evtl. dort weiterzuschreiben. Zu diesem Zeitpunkt kennt ihr euch nur oberflächlich, und normalerweise ist noch nicht einmal der volle Name des anderen bekannt. Je nachdem, wie umfangreich euer Facebook-Profil ist, kann es zur ungewollten Preisgabe von Informationen und Fotos kommen, die sie nicht unbedingt sehen sollte, zumindest nicht zu diesem Zeitpunkt – getreu dem Motto, weniger ist mehr. Wenn ihr nichts zu verbergen habt und euer Profil „sauber" ist, könnt ihr natürlich auch bei Facebook weitermachen. Das schafft zudem ein zusätzliches Vertrauen.

Wenn der Wechsel zu einem anderen Textdienst in beidseitigem Einvernehmen vollzogen wurde, seid ihr schon einmal einen wichtigen Schritt weiter. Verspielt das gewonnene Vertrauen nicht wieder, auch bei WhatsApp könnt ihr, falls ihr in Ungnade gefallen seid, ebenfalls blockiert und für immer mit Missachtung gestraft werden. Es ist jederzeit damit zu rechnen, dass das Match von ihrer Seite völlig unvorhergesehen abgebrochen und nicht weiter beantwortet oder sogar komplett gelöscht wird – ihre Beweggründe werdet ihr nie erfahren.

Mir ist das auch schon passiert, als ich mit einer potenziellen Datingpartnerin ein Treffen fest vereinbart hatte und sie kurzerhand das Match und damit den kompletten Verlauf gelöscht hat. Da war ich dann doch etwas überrascht über diese plumpe Art der Absage. Eigentlich bin ich davon ausgegangen, dass ein Mindestmaß an Höflichkeit angebracht wäre und man eine kurze Begründung schreibt, warum das Interesse plötzlich weg ist. Insbesondere von der Damenwelt hätte ich erwartet, dass man mit dem Matchpartner fair umgeht, aber dem ist leider nicht immer so. Ich will das auch nicht verallgemeinern, es gibt auch genug Frauen, die eine aufschlussreiche Erklärung geben, warum sie einen Rückzieher machen und das Match beenden wollen.

Also erwartet nicht, dass immer alles fair und nach vorgegebenen Regeln in der Datingwelt abläuft. Das verhält sich wie im normalen Leben, meistens kommt es plötzlich und unerwartet.

Zu lange sollte ein Match aber auch nicht laufen, ohne dass ein Treffen bzw. ein Date in Aussicht steht. Ich selbst bin auch kein Freund von ewig langen Schriftwechseln, da man sich dabei nicht wirklich richtig kennenlernen kann. Es ist immer einfacher, einen Text zu verfassen, als bei einem Vieraugengespräch die passenden Worte zu finden. Je früher ihr euch trefft, desto besser. Zudem wird durch einen langen Schriftwechsel auch eine immer größer werdende Erwartungshaltung aufgebaut, die bei einem Treffen dann schnell zur Ernüchterung oder Enttäuschung führen kann.

Schwer zu sagen, wann der richtige Zeitpunkt ist aber nach ein paar Tagen des Schreibens, solltet ihr schon mal ein Treffen vorschlagen, um sich besser kennenzulernen. In der Regel wird vom männlichen Part erwartet, die Frage nach einem ersten Date zu stellen und meistens stößt das auch auf Zustimmung bei der Frau. Wenn ihr bis hierhin immer brav, artig, ehrlich, höflich, zuvorkommend, interessiert, witzig und wortgewandt wart, sollte auch nichts gegen ein Treffen sprechen.

Es besteht natürlich auch die Möglichkeit, vorher erst einmal miteinander zu telefonieren, dabei könnt ihr anhand der Stimme zumindest einen weiteren Eindruck erlangen. Jedenfalls können dabei wesentlich mehr Informationen ausgetauscht werden und es ist auch persönlicher, als das beim

Schreiben möglich ist. So kann viel schneller eine Beziehung zueinander aufgebaut werden. Das ist letztendlich aber auch kein adäquater Ersatz für ein persönliches Treffen, bei dem ihr euch gegenübersitzt und euch ganz anders wahrnehmen könnt. Vor dem ersten Telefonat sollte in jedem Falle vorher schriftlich kommuniziert werden, wann ihr miteinander sprechen wollt, da unangemeldete Anrufe häufig ungelegen kommen und auch nicht unbedingt erwünscht sind.

Grundsätzlich kann man sich bei einem persönlichen Treffen am besten ein Bild von der Dame machen. Dabei habt ihr die Möglichkeit, den anderen richtig wahrzunehmen und zu prüfen, ob die Chemie zwischen euch stimmt. Es ist nicht auszuschließen, dass ihr in der Vergangenheit die tollsten Schriftwechsel hattet und beim ersten Zusammentreffen bemerkt, dass ihr mit diesem Menschen auf gar keinen Fall eine Beziehung eingehen könnt oder wollt, weil es einfach nicht passt oder das Äußere irgendwie nichts mit den Profilfotos zu tun hat. Damit wäre der gesamte vorherige Verlauf eurer schriftlichen und/oder telefonischen Beziehung null und nichtig und muss als weitere Matcherfahrung verbucht werden.

Parallelmatchen

Wenn es richtig gut läuft, dann habt ihr mehrere aktive Matches parallel am Laufen. Da heißt es, Ruhe bewahren und nicht durcheinanderkommen. Bevor die nächsten Worte verfasst werden, vergewissert euch zuvor erst einmal, mit wem tatsächlich aktuell gematcht wird, damit nicht versehentlich Dinge angesprochen werden, die ihr eigentlich mit einer anderen Match-Partnerin geschrieben habt oder Fragen stellt, die schon längst von ihr beantwortet wurden. Die Folgen könnt ihr euch sicherlich denken Es sieht nicht gut für euch aus, wenn da nicht die passende Ausrede parat liegt.

Auch wenn die Damen ebenso verfahren und auch gerne mit mehreren Herren gleichzeitig chattet, so solltet ihr nicht unbedingt damit prahlen, da sich die Gegenseite somit verständlicherweise herabgesetzt fühlt. Jeder möchte das Gefühl haben, für den anderen der einzige Matchpartner zu sein, zumindest solange der Chat andauert.

Zu Beginn meiner Datingkarriere hatte ich noch ein schlechtes Gewissen, wenn ich mit mehr als einer Frau gleichzeitig gechattet habe, bis mir irgendwann bewusst wurde, dass das die übliche Vorgehensweise ist und auch völlig legitim ist. Warum auch auf ein Match verzichten, wenn sich doch die Möglichkeit bietet, mit einer weiteren Partnerin zusätzlich zu kommunizieren. Es ist auch nichts Verwerfliches dabei, da ein Match absolut unverbindlich ist und zu nichts verpflichtet. Zum Teil hatte ich mehrere Matches parallel, habe mich aber nicht aus der Ruhe bringen lassen und dabei immer den Überblick bewahrt, mit wem ich aktuell geschrieben habe. Das klingt schon fast nach Stress, kann es auch tatsächlich werden, wenn es zu viele Matches gleichzeitig werden und man die Übersicht verliert. Da ja keine Verpflichtung besteht, umgehend zu antworten, könnt ihr euch mit dem nächsten Text ruhig Zeit lassen, um euch erst einmal zu vergewissern, mit wem ihr eigentlich gerade chattet. Manchmal ist es sogar besser, nicht direkt zu antworten, sondern erst mal ein wenig zu warten, damit nicht der Anschein erweckt wird, dass ihr nichts anders zu tun habt, als auf eine Nachricht von ihr zu warten. Das sieht bei einem intensiven Schlagabtausch schon anders aus. Da solltet ihr dranbleiben und die Dame nicht durch zu große Lücken zwischen den Nachrichten warten lassen.

Wenn es mit den Matches und Dates gut läuft und ihr mehrere parallel am Laufen habt, dann solltet ihr die weitere Suche beim Datingportal eures Vertrauens besser erst einmal ruhen lassen. Ansonsten kann es auch zu viel des Guten werden und ihr kommt mit den Schreiben und Daten gar nicht mehr hinterher. Da das Ganze ja auch Spaß machen soll, ist es angebracht, dann auf die Bremse zu treten und die laufenden Chats und Dates erst einmal abzuarbeiten. Wer weiß, vielleicht ist ja bereits die richtige Kandidatin dabei und ihr braucht gar nicht weiter zu suchen.

Anmachsprüche

Können sicherlich unterhaltsam sein, führen in der Regel aber nicht zum gewünschten Erfolg. Beim Matchen verhält es sich auch ganz anders als im realen Leben, z. B. in einer Bar, wo einem das Zielobjekt greifbar nah gegenübersteht und meist direkt erkennbar ist, wie sie darauf reagiert.

Mit einem guten Spruch, der nicht zu aufdringlich ist oder aufgesetzt wirkt, kannst du sicherlich das Eis brechen. Ist aber bestenfalls nur für den Einstieg in ein hoffentlich intensives Gespräch geeignet. Dabei sollten auch keine Standardsprüche oder abgedroschene Phrasen verwendet werden, die jeder bereits kennt. Am besten ist immer eine individuelle Anrede, die sich auf irgendetwas aus ihrem Profil bezieht, je persönlicher desto besser. Wenn euch nichts Passendes einfällt, ist es angebracht, gänzlich auf einen lockeren Spruch zu verzichten. Dann verwendet besser ein nettes Kompliment, das nicht aufgesetzt wirkt oder aufdringlich ist.

Damit kommt ihr in jedem Fall besser an, als mit einem Brachialspruch, der nur dafür sorgt, dass die Dame eures Herzens fluchtartig das Match verlässt oder dieses umgehend auflöst.

Hier ein paar Antibeispiele, die ihr auf keinen Fall verwenden solltet, niemals!

- *Hey, schöne Frau ...*
- *Hallöchen Popöchen ...*
- *Du bist ja immer noch hier ...*
- *Hast du dir eigentlich sehr wehgetan, als du vom Himmel gefallen bist?*
- *Du bist die süßeste Praline der Welt, lass mich deine Füllung sein!*
- *Hallöchen, kennen wir uns nicht von irgendwo her?*
- *Du hast echt schöne Augen! Das wollte ich dir unbedingt sagen.*
- *Ich weiß ja, dass Milch schön macht aber, hey, wie viel hast du denn getrunken?*

Eine Frau mit Niveau bekommt bei solchen Sprüchen nur das kalte Grauen und wird entweder gar nicht reagieren oder das gerade begonnene Match direkt wieder auflösen.

Rechtschreibung

Wie auch beim Profil, ist die korrekte Rechtschreibung und Grammatik unerlässlich. Bei der jüngeren Generation wird da meistens nicht mehr allzu viel Wert draufgelegt, aber die nächste Altersstufe, zu der ich mich auch zählen muss, hat noch gelernt, dass man mit den richtigen Worten und

Wortspielen gute Erfolge erzielen kann. Zumal sind mir auch die ganzen Abkürzungen und Fachbegriffe, die heutzutage gerne verwendet werden, meistens gar nicht geläufig. Da hat sich bei der Jugend eine ganz neue Sprache entwickelt und die muss man auch erst einmal verstehen. Sie sollte auch nicht einfach adaptiert werden. Das fällt schnell auf, wenn ihr versucht, jünger und cooler zu wirken, als ihr eigentlich seid.

Deshalb ist beim Schreiben immer auf einen guten Stil zu achten, mit dem ihr eure Partnerin beeindrucken könnt. Viele Frauen weisen schon in ihrem Profil darauf hin, dass ihnen Rechtschreibung und eine angemessene Anrede nicht ganz unwichtig sind.

Wichtig ist auch der Humor. Wenn ihr die Stimmung mit einem angemessenen, nicht ganz ernst gemeinten Spruch auflockern wollt, kommt das meistens gut an. Nur Vorsicht, keine Doppeldeutigkeiten oder anzügliche Bemerkungen loslassen. Genau wie bei der Ironie und beim Sarkasmus, ist auch der Humor anfangs schwer einzuschätzen. Darum erst einmal langsam herantasten und abwarten, wie sie darauf reagiert. Falls eine Bemerkung oder Anspielung zur Missstimmung führen sollte, bleibt nur noch die Entschuldigung, dass das eben Geschriebene nicht ganz ernst gemeint und als Spaß zu verstehen war, vielleicht hat sie ja Erbarmen mit euch.

Ironie und Sarkasmus

Da kommen wir direkt zum nächsten heiklen Thema. Wer die Kunst der Ironie und des Sarkasmus beherrscht, der hat ebenfalls gute Karten. Da ihr aber nicht einschätzen könnt, wie das auf der Gegenseite ankommt bzw. verstanden wird, ist hier äußerste Vorsicht geboten. Erst nach einer gewissen Zeit des Schreibens, entsteht langsam eine gewisse Beziehung zwischen euch und ihr könnt die Partnerin etwas besser einschätzen. Somit auch ihre Art von Humor und ihr Verständnis von Ironie und Sarkasmus.

Umgekehrt ist es genauso. Bei manchen Wortgefechten kommt es auch vor, dass man selbst nicht genau einschätzen kann, ob das eben Gelesene tatsächlich ernst oder ironisch gemeint war. Im Zweifel ist es besser, da mal nachzufragen, ob das als Spaß gemeint war oder nicht. Das kann manchmal peinliche Situationen und Missverständnisse direkt im Keim ersticken.

Emojis

Emojis sind schon eine tolle Erfindung und beim täglichen Gebrauch diverser Kommunikations-Apps und Sozial-Media-Plattformen gar nicht mehr wegzudenken. Allerdings werden einige dieser niedlichen Gesichter und Figuren häufig falsch verwendet oder fehlinterpretiert. Dabei können wie beim Humor oder der Ironie Fehler gemacht werden, die nur schwer wieder gutgemacht werden können.

Selbst wenn ihr die Bedeutung der meisten Emojis kennt oder meint zu kennen, heißt das noch lange nicht, dass das der Gesprächspartnerin ebenso geläufig ist und sie da nicht etwas völlig anderes hineininterpretiert. Gemäß Wikipedia enthält der Unicode 6.3 insgesamt 722 verschiedene Emojis, deren Bedeutung wohl kaum jemand auswendig kennt. Aus lizenzrechtlichen Gründen darf ich hier keine Beispiele abbilden, da Emojis geschützt sind und kommerziell nur gegen eine Gebühr genutzt werden dürfen.

Am besten verwendet ihr nur Emojis, die soweit jedem geläufig sind und nur schwer fehlinterpretiert werden können. Im Zweifelsfall ist es besser einmal im Internet zu recherchieren, welche Bedeutung ein bestimmtes Symbol hat. Allerdings hilf das auch nicht, wenn der Gesprächspartnerin die Bedeutung auch nicht geläufig ist. Im Zweifelsfalle verzichtet ihr besser auf Emojis, deren Bedeutung zweideutig sein könnte, um Missverständnisse zu vermeiden.

Kinder- und Familienplanung

Dies wurde bereits in Kapitel 3 bereits angeschnitten und sollte nicht unbedingt als erstes angesprochen werden, aber nach einigen Schriftwechseln empfiehlt es sich, dieses Thema dann doch einmal zu erörtern. Zum einen, ob bereits Kinder vorhanden sind, deren Alter und wo sie die meiste Zeit verbringen. Es ist besser, wenn solche Themen im Vorfeld geklärt werden. Ansonsten kann später das böse Erwachen kommen und ihr bekommt beim ersten Treffen einen Schock, weil ihr erfahrt, dass sie bereits drei Kinder zwischen 2 und 10 Jahre hat, um die sie sich auch noch vorrangig alleine kümmert. Ich möchte das nicht schlechtreden, aber darauf solltet ihr euch nur einlassen, wenn euch bewusst ist, was da auf euch zukommen kann.

Zum anderen gibt es auch diejenigen, die noch keine Kinder haben und das gerne nachholen würden und dazu den passenden Partner suchen. Da heißt es dann, ganz ehrlich zu sich selbst und zur Partnerin zu sein. Wenn ihr selbst auch eine Familie gründen wollt, ist das vielleicht die richtige Frau, mit der ihr dieses Projekt verwirklichen könnt. Wenn bei euch allerdings Zweifel bestehen, ob ihr das wirklich wollt, dann klärt das direkt am Anfang mit ihr, soviel Ehrlichkeit hat jeder verdient. Je früher das bekannt ist, desto besser; dann kann ganz klar Stellung dazu bezogen werden.

Mir ist das auch schon das eine oder andere Mal passiert, und ich habe dann immer ganz offen zu verstehen gegeben, dass das für mich nicht mehr in Frage kommt. Ich habe bereits die Freuden der Vaterschaft erfahren und eine wohlgeratene, annähernd erwachsene Tochter großgezogen und ihr alles mitgegeben, um ein eigenständiges Leben zu führen. Mit Anfang fünfzig möchte ich nicht wirklich nochmals eine neue Familie gründen, da ich weiß, dass das nicht immer nur Spiel und Spaß bedeutet.

Muster-Textbausteine

Nach einigen Matches fällt schnell auf, dass der Verlauf eigentlich immer sehr ähnlich ist, zumindest am Anfang. Gewisse Fragen und Antworten kommen immer wieder vor, und manchmal hat man das Gefühl: Das habe ich doch schon einmal geschrieben. Auf Dauer ist das tatsächlich etwas ermüdend und kann etwas vereinfacht werden. Wenn ihr euch markante Textbausteine einfach woanders abspeichert (z. B. Notizen-App), könnt ihr euch eine Menge Zeit beim Schreiben sparen. Themen wie: Anrede, Familienstatus, Lebenslauf, Hobbys und Leidenschaften, muss an der einen oder anderen Stelle ggf. etwas angepasst werden, vereinfacht die Sache aber ungemein.

Aber auch euren Profiltext oder alternative Anreden können auf diese Art einfach abgelegt und per „Copy & Paste" jederzeit wieder hervorgeholt werden. Das kann natürlich bei allen anderen Portalen ebenso angewendet werden.

Denn wenn ein Match aufgelöst wurde, ist auch der komplette Verlauf für immer verloren und es können keine Textpassagen mehr hervorgeholt werden.

Abschluss

Wenn inzwischen das Vertrauen zueinander weitergewachsen ist und die Neugier immer weiter steigt, die Matchpartnerin endlich auch einmal leibhaftig zu sehen und kennenzulernen, dann ist spätesten jetzt der richtige Zeitpunkt gekommen, das erste Date zu vereinbaren – hört sich aufregend an, ist es auch.

Auch nach mehreren Dates, ist das erste Treffen immer wieder was Besonderes. Da bleibt eine gewisse innere Nervosität und Vorfreude nicht aus. Auch wenn schon fast von einer Routine gesprochen werden kann, ist es immer wieder spannend, sich das erste Mal gegenüber zu stehen und real zu sehen. Das ist umso aufregender, wenn zuvor noch nicht miteinander telefoniert wurde und die Stimme damit auch noch unbekannt ist. Das kann auch zu großen Überraschungen führen, falls sie einen völlig unerwarteten Akzent oder Dialekt hat. Davon solltet ihr euch aber nicht abschrecken lassen, da sie immer noch die gleiche Person ist, mit der ihr die letzten Tage oder Wochen gematcht habt.

Ob sie auch tatsächlich alles erfüllt, was ihr euch von ihr erhofft, wird sich spätestens beim ersten Treffen herausstellen. Dennoch kann es passieren, dass die Dame eures Herzens plötzlich kalte Füße bekommt und alles wieder absagt oder das Match komplett auflöst. Damit wäre dann alles bisher Geschriebene und Vereinbarte hinfällig – das kommt leider immer wieder vor.

6. DAS DATE

Das erste Date ist geplant und fest vereinbart, somit sind die Erwartungen entsprechend hoch. Deshalb ist auch eine gewisse Planung für dieses besondere Ereignis erforderlich. Das Styling und euer äußeres Erscheinungsbild sind dabei von nicht unerheblicher Bedeutung. Ein gepflegtes und ansprechendes Äußeres sollte dabei absolut selbstverständlich sein. Grundsätzlich gilt es, euch nicht zu verkleiden, sodass ihr euch in eurer Haut und Kleidung wohlfühlt, aber dennoch was hermacht. Bleibt eurem persönlichem Style treu und probiert für das erste Treffen nicht unbedingt etwas Neues aus, in dem ihr euch evtl. unwohl fühlt.

Ein Tipp: Tragt nicht die Klamotten, die auf einem der Profilbilder getragen werden, das lässt vermuten, dass nur eine kleine Garderobenauswahl zur Verfügung steht oder ihr immer die gleiche Kleidung tragt. Vielleicht bemerkt es die Gegenseite auch nicht, aber Frauen sind in dieser Beziehung meistens sehr aufmerksam.

Noch ein Tipp: Einen Tag vor dem Date oder am Tag des Dates ist es empfehlenswert, per Textnachricht nachzufragen, ob es bei der vereinbarten Verabredung bleibt. Falls euch die Frage zu subtil erscheint, schreibt ihr einfach, dass ihr euch auf das bevorstehende Treffen schon freut. Damit könnt ihr euch nochmals vergewissern, dass sie das Treffen nicht vergessen hat und euch nicht unentschuldigt versetzt.

Es ist tatsächlich so, dass der erste Eindruck der wichtigste ist und nur schwer wieder revidiert werden kann, falls der zu Beginn ruiniert wurde. Das äußere Erscheinungsbild trägt erheblich zu dieser Meinungsbildung bei, sollte aber auch nicht überbewertet werden. Sollte eure Verabredung gänzlich anders aussehen als auf den Profilfotos, damit meine ich unvorteilhafter, ist die Enttäuschung verständlicherweise groß. Auch ich kann mich nicht davon freisprechen, dass mir das Aussehen meiner Partnerin unwichtig wäre. Das trifft aber wohl auf die meisten Menschen zu. Nur ganz wenige können von sich behaupten, dass für sie ausschließlich der Charakter zählt.

Deshalb ist das Profilfoto auch so entscheidend, ob es zu einem Match kommt oder nicht. Wenn die äußere Erscheinung des Partners zumindest halbwegs den Vorstellungen entspricht und keiner fluchtartig das Weite gesucht hat, beginnt das eigentliche Date und man hat die Gelegenheit weiter in die Tiefe zu gehen und zu prüfen, ob die Chemie stimmt oder eben nicht. Im Allgemeinen können die meisten recht schnell beurteilen, ob die Gesprächs-partnerin einem zusagt und eine gewisse Sympathie oder sogar mehr vorhanden ist. Dabei ist das Äußere dann schnell gar nicht mehr so wichtig, wenn das zwischenmenschliche stimmt. Ein attraktives Erscheinungsbild eines Menschen ist sicherlich die Eintrittskarte zu einem Match oder Date, ob es dann aber insgesamt passt, hängt von vielen anderen Faktoren ab.

Bei der Begrüßung solltet ihr nicht zu stürmisch vorpreschen und versuchen, ganz entspannt zu bleiben. Selbst nach mehreren ersten Dates, besteht immer noch eine gewisse Nervosität, die auch völlig normal ist und das Ganze ja auch irgendwie spannend macht. Zu Beginn ist es angebracht, etwas Nettes zu sagen, z. B. dass ihr euch freut sie zu sehen und sie kennenzulernen, nur als Beispiel. Da uns seit Anfang 2020 die Corona Pandemie das soziale Miteinander erheblich erschwert hat, sollten Berührungen auch entsprechend vermieden werden, zumindest, solange ihr euch noch nicht vertraut seid. Das kann bei der Verabschiedung schon wieder ganz anders aussehen. Wenn das Treffen gut verlaufen ist und ihr das Gefühl habt, dass die Chemie zwischen euch stimmt, verabschiedet man sich dann häufig doch mit einer Umarmung. Nicht unbedingt konform mit den Corona-Hygieneregeln, aber in diesem Moment kreisen andere Gedanken im Kopf herum. Grundsätzlich gilt beim Treffen das Gleiche wie beim Schreiben – bleibt immer höflich und respektvoll. Ihr habt es zu 50 % selbst in der Hand, wie das Gespräch verläuft und ob es zum Erfolg führt oder in einer Katastrophe endet. Ein wenig spielt natürlich auch das Glück eine gewisse Rolle, aber darauf solltet ihr euch besser nicht verlassen.

Während des Gespräches könnt ihr anhand ihrer Reaktionen, insbesondere der Körperhaltung und Mimik schnell erkennen, wie das eben Gesagte bei ihr ankommt. Ein kurzes Zucken mit der Augenbraue oder mit dem Mundwinkel lässt schnell erkennen, dass eine gewisse Reaktion bei ihr ausgelöst wurde. Um die Körpersprache eurer Partnerin genauer zu analysieren, müsstet ihr allerdings schon ein Profiler oder Psychologe sein, der für dieses Thema speziell ausgebildet wurde. Das ist eine Kunst, die nur wenige Menschen wirklich gut beherrschen, deshalb schaut euch mal die folgenden Zeilen genauer an.

Das verrät die Körpersprache bei einem Date

Die einfachsten Anzeichen, dass der Date-Partner Interesse bekundet, ist, wenn er oder sie Nähe sucht. Eine offene Körperhaltung, insbesondere der Hände und Arme, die nicht verborgen oder verschränkt werden, signalisiert: „ich öffne mich Dir" oder „ich bin offen für Dich". Dies gilt prinzipiell für beide Geschlechter und kann zum Beispiel durch „zufällige" Berührungen verstärkt werden. Weicht der Berührte nicht zurück oder erwidert sogar die Berührung, sind die Weichen auf Sympathie gestellt. Die Körperspracheexperten attestieren Frauen, dass sie subtilere Signale senden – also quasi schwerer „zu lesen" sind. Männer dagegen demonstrieren eine offensivere und stärker ausgeprägte nonverbale Kommunikation.

Frauen zeigen verstärktes Interesse, wenn sie sich dezent „in Szene setzen". Zu den leicht zu erkennenden Symbolen gehört, wenn sie sich mit den Fingern durch die Haare streicht, ihre Kleidung zurecht zupft, ihre Lippen befeuchtet oder den Lippenstift nachzieht. Damit will sie ihre Attraktivität steigern – sie möchte ihrem Gegenüber gefallen. Wenn sie beim Blickkontakt die Augenbrauen hochzieht oder mit leicht geöffnetem Mund zuhört, sind das Anzeichen für Interesse. Weniger offensichtlich ist, wenn sich ihre Pupillen erweitern. Das kann ein Zeichen von Nervosität und/ oder Erregung sein. Hat sie die Beine überschlagen und das überschlagene Bein zum Gegenüber gerichtet, ist das ein positives Zeichen. Schlecht sieht es dagegen aus, wenn die Füße in Schrittstellung – quasi „fluchtbereit" - angeordnet sind. Außerdem wird die Abneigung deutlich, wenn sie sich distanziert, eine starre Körperhaltung demonstriert und beispielsweise mit Gegenständen spielt – das drückt ihre Langeweile aus.

Verhalten und Signale können sich während des Treffens ändern. So können Frauen im Verlauf des Dates auch schon mal Hindernisse aufbauen, wenn der Mann zu forsch vorgeht. Sie hält ihn bewusst auf Abstand und wendet sich ab –

zeigt also quasi die „kalte Schulter". Mit etwas Gespür kann man situativ reagieren und Einfluss nehmen. Wichtig dabei ist jedoch, authentisch zu bleiben und keine Rolle zu spielen, da ansonsten die Enttäuschung später ein Problem darstellen kann. Sogenannte „Pick-up-Artists", also Männer, die eine Frau meist für einen „ONS", für sich gewinnen wollen, nutzen bewusst die Signale der Frau, um zu ihrem Ziel zu gelangen. Sie interpretieren den Ausdruck und richten ihre eigene Körpersprache, verbunden mit zielgerichteter verbaler Kommunikation, psychologisch aus. Auch testen sie die Frau – möglichst unbemerkt. Zum Beispiel mit dem „Spiegeltest": Nimmt der Mann sein Glas in die Hand und die Frau erwidert die Geste, ist das in der Regel ein Zeichen für Sympathie.

Im Allgemeinen ist es jedoch ratsam, dass man sich eher auf das eigene Bauchgefühl verlässt. Instinktiv werden beide wissen, was in diesem Moment zu tun ist – so der Profi.

Für gewöhnlich ergibt sich der Verlauf des Gespräches ganz automatisch. Ich rate davon ab, die Abfolge detailliert zu planen oder zu versuchen eine Art Checkliste abzuarbeiten. Das führt unweigerlich zu stockenden Situationen, die nicht natürlich wirken. Auch eure Partnerin wird sicherlich kein Datingprofi sein und selbst auch eine gewisse Nervosität verspüren. Es soll ja auch nicht perfekt sein, sondern ganz natürlich und ungezwungen. Das macht ein gutes Date auch aus, dass man sich langsam kennenlernt und über alles reden kann, ganz ohne Vorgaben.

Jedoch empfiehlt es sich, vor dem langersehnten ersten Treffen, noch einmal das Profil der Dame und den Verlauf des Matches zu verinnerlichen. Wie bereits erwähnt, ist der Vergleich zu einem Bewerbungsgespräch gar nicht so abwegig. Genau aus diesem Grund ist es sinnvoll, gut vorbereitet zum Date zu erscheinen. Da können dann spezielle Themen, die bisher nur schriftlich erörtert wurden, detaillierter besprochen werden. Zudem beeindruckt es eine Frau schon, wenn ihr gewisse Details von ihr noch im Gedächtnis habt. Unter vier Augen ist es auch wesentlich schöner, sich kennenzulernen und auszutauschen als endlos miteinander zu matchen.

Gewisse Themen sollten aber nur sehr behutsam angegangen werden. Die bereits angesprochene Kinder- und Familiensituation bzw. -planung würde ich nicht direkt am Anfang angehen, sondern damit warten, bis das Thema zur Sprache kommt. Wahrscheinlich kommt auch das Datingportal oder die Partnerbörse, über die ihr euch kennengelernt habt im Allgemeinen sehr bald ins Gespräch. Da empfiehlt es sich, nicht damit zu prahlen, wie viele Dates ihr in der Vergangenheit hattet und welche Erfahrungen ihr mit den unterschiedlichen Frauen bisher gesammelt habt. Da könnte sich euer Date schnell als eine Trophäe vorkommen und den Verdacht haben, dass ihr es nur auf einen „ONS" abgesehen habt. Wenn das von beiden gewünscht ist und vielleicht bereits geklärt wurde, ist das völlig in Ordnung und es spricht auch nichts dagegen. Voraussetzung sollte dabei sein, dass das in beidseitigem Einverständnis geschieht und nicht irgendwelche Geschichten erfunden werden, um die Dame ins Bett zu bekommen.

Der Zeitpunkt

Wählt am besten einen Tag, an dem keine weiteren Termine anstehen. Wenn vor oder nach dem Date noch etwas geplant ist, kann das zu einer unentspannten Atmosphäre führen, falls ihr unter Zeitdruck geratet. Da nicht absehbar ist, wie lange eure Begegnung andauern wird, plant großzügig, sodass genug Zeit bleibt, euch richtig kennenzulernen. Wenn ein Treffen gut läuft, können die Stunden nur so dahinfliegen, ohne dass es auffällt – das wäre der Idealfall. Es kann aber auch vorkommen, dass direkt am Anfang klar ist, dass dieses Date definitiv nicht zum Erfolg führen wird. Dann solltet ihr aber auch so ehrlich sein und offen sagen, dass ihr kein gutes Gefühl bei der Sache habt und dieses Date lieber beenden wollt. Das ist natürlich nicht angenehm, aber besser als sich durch ein Gespräch zu quälen, dass zu nichts führt. Natürlich könnte auch ein Anruf vorgetäuscht werden und ihr hättet eine Ausrede, das Treffen vorzeitig abzubrechen, weil ihr ganz plötzlich wegmüsst.

Ideal ist ein Treffen am Wochenende, dann sind alle Beteiligten für gewöhnlich entspannt und die Arbeitswoche liegt hinter euch. Ein Treffen innerhalb der Woche, direkt nach der Arbeit in irgendeiner Absteige, ist wirklich nicht der ideale Zeitpunkt und Ort. Da sind die Gedanken meistens noch bei der Arbeit, was die Konzentration und das Wohlbefinden schon erheblich beeinträchtigen können. Bei einem ersten Date sollte die volle Konzentration und Aufmerksamkeit der Gesprächspartnerin gewidmet werden und natürlich auch bei eventuell folgenden Treffen.

Der Treffpunkt

Sollte besonders sorgfältig ausgewählt werden. Die Umgebung, in der man einen Menschen trifft und kennenlernt, trägt entscheidend mit dazu bei, wie das Treffen verläuft. Je schöner und angenehmer das Ambiente ist, desto entspannter und aufgeschlossener ist man für den Gesprächspartner.

In einem lauten und ungemütlichen Restaurant wird sich jeder unwohl fühlen, und es wird schwer bis unmöglich sein, hier so etwas wie eine romantische Atmosphäre zu schaffen.

Wenn ihr weiter auseinander wohnt, empfiehlt es sich, einen Treffpunkt ungefähr auf halber Strecke zu wählen. Das kommt euch beiden entgegen. Dann muss man sich nur auf einen Ort einigen und eine passende Lokalität finden. Einfacher ist es, wenn ihr nicht allzu weit auseinander wohnt und einer von euch einen Vorschlag unterbreitet, wo man sich treffen könnte. Versucht deshalb den Treffpunkt selbst auszuwählen, dann habt ihr es selbst in der Hand. Am besten ein Café oder Restaurant, dass ihr bereits kennt und wo ihr mit den örtlichen Gegebenheiten vertraut seid. Dann könnt ihr im Vorfeld einen netten Tisch reservieren, der etwas abseits steht und ihr nach Möglichkeit nicht von anderen Gästen gestört werdet. Damit ist der Tisch direkt am Eingang oder neben dem Durchgang zum WC schon mal ungeeignet.

Allerdings solltet ihr nicht unbedingt euer Stammlokal wählen, in dem ihr persönlich begrüßt werdet und der Kellner schon mit einem zwinkernden Auge fragt, ob das das neue Date ist. Ihr könnt euch sicher vorstellen, dass das bei eurer Begleitung gar nicht gut ankommt und sie sich dann ihren Teil denkt. Ebenso ist eine Lokalität, in der sich eure Freunde häufig treffen und aufhalten für ein Date ebenfalls tabu. Den Grund könnt ihr euch sicherlich denken. Zum einen steht ihr dann unter Beobachtung und zum anderen, bekommt ihr unter Umständen ungewollten Besuch.

Welche Art von Lokalität gewählt wird, müsst ihr ganz nach eurem Geschmack entscheiden. Ich halte den idealen Treffpunkt bisher immer noch für ein gemütliches bis romantisches Café. Es sollte kein altbackenes Oma-Café sein, das weder Charme noch Atmosphäre hat. Seid einfallsreich bei der Auswahl und nutzt die einschlägigen Suchmaschinen, um eine passende und gemütliche Lokalität zu finden, falls ihr keine kennt. Außerdem hat ein Café den entscheidenden Vorteil, dass ihr zeitlich flexibler seid als in einem Restaurant. Solltet ihr, aus welchem Grund auch immer, das Date möglichst schnell beenden wollen, kann das im Café einfacher umgesetzt werden und ihr könnt es zügig verlassen. Im Restaurant wird das schwierig, wenn das Essen bereits bestellt wurde und erst einmal gewartet werden muss, bis alles serviert wird und ihr damit fertig seid. Das kann dann zu einer recht unangenehmen Situation führen, wenn man sich nicht viel zu sagen hat und sich eigentlich nur noch wünscht, dass es schnell zu Ende geht, um das Lokal zu verlassen. Ferner ist es in aller Regel im Café auch günstiger als in einem normalen bis gehobenen Restaurant, in dem dann auch noch mehrere Gänge bestellt werden, unabhängig davon, wer bezahlt.

Schließlich ist es das erste Treffen und Kennenlernen, und es ist nicht absehbar, wie es sich entwickelt. Ob Ablehnung, Sympathie oder sogar Schmetterlinge im Bauch entstehen, macht sich erst nach einer gewissen Gesprächszeit bemerkbar. Genau dazu dient das Treffen: ein erstes Beschnuppern und Abschätzen, ob aus dem ersten Kennenlernen vielleicht eine vielversprechende Beziehung entstehen könnte. Manchmal sind auch mehrere Treffen nötig, um zu erkennen, dass es zwischen euch knistert. Wenn ihr nach dem ersten Date noch nicht sicher seid, dann riskiert einfach ein weiteres Treffen, dann besser an einem neuen Ort, um eine andere Atmosphäre zu schaffen.

Wenn sie einen Vorschlag für das Treffen unterbreitet, ist das schon mal ein gutes Zeichen, da sie offensichtlich eine gewisse Vorstellung davon hat, wie ein Date abläuft und nicht ganz unerfahren auf diesem Gebiet zu sein scheint. Es spricht also nichts dagegen, ihrer Empfehlung nachzukommen, es sei denn, ihr kennt den ultimativen Ort für ein Date und wollt sie unbedingt dorthin ausführen. Dann müsst ihr sie lediglich noch davon überzeugen, dass euer Vorschlag der bessere ist.

Aber wir sind ja noch beim idealen Treffpunkt und da gibt es noch mehr Möglichkeiten, als bisher geschildert wurden. Zum Beispiel ist eine Bar bzw. Cocktailbar auch ein guter Ort, wenn ähnliche Voraussetzungen herrschen, wie bei den vorher genannten Etablissements. Auch in einer Bar kann man sich wunderbar kennenlernen und austauschen, wenn es nicht zu laut ist. Einige Lokalitäten neigen dazu, die Musik lauter zu machen als erforderlich, und das erschwert eine angenehme Unterhaltung ungemein. Wenn man sich anschreien oder jedes Mal nachfragen muss, was der andere gerade gesagt hat, macht das die Stimmung schnell kaputt.

Zu berücksichtigen ist auch noch der Alkoholpegel, der beim Genuss von mehreren Cocktails langsam oder schnell ansteigt und bei jedem Menschen andere Auswirkungen hat. Dabei sollte die eigene Grenze bekannt sein und nicht überschritten werden – in diesem Falle heißt es, weniger ist mehr! Das Kennenlernen kann einen ganz anderen Verlauf nehmen, wenn ihr angetrunken und nicht mehr Herr eurer Sinne seid. Die Frauen sind in dieser Beziehung meistens vorsichtiger und halten sich bei alkoholischen Getränken eher zurück, da sie um deren Wirkung wissen und für gewöhnlich auch nicht so viel vertragen. Bevor ihr also Gefahr lauft, mehr Alkohol zu trinken, als euch guttut, steigt besser auf alkoholfreie Drinks um. Dann ist gewährleistet, dass ihr euch aufgrund von unkontrolliertem Alkoholgenuss, nicht vor der Dame blamiert.

Unabhängig davon, wo ihr euch trefft, ist die Sitzposition nicht ganz unwichtig. Generell ist es ungünstig, nebeneinander zu sitzen, denn dabei könnt ihr euch weder richtig ansehen noch ideal unterhalten. Eine Ausnahme wäre, wenn ihr irgendwo an einer Promenade sitzt und es aufgrund der örtlichen Gegebenheiten nicht anders möglich ist, anders zu sitzen. Dann sollte aber wenigstens versucht werden, in einem rechten Winkel zueinander zu sitzen, sodass ihr die Möglichkeit habt, euch wenigstens von der Seite zu sehen. Es ist immer besser, den Gesprächspartner direkt von Angesicht zu Angesicht zu sehen, da der Augenkontakt die beste Möglichkeit ist, um zu sehen, wie die Gegenübersitzende reagiert. Aus dem Blickwinkel von der Seite ist das nicht immer so einfach zu erkennen. Zudem kann die zuvor erwähnte Körpersprache so wesentlich einfacher erkannt werden.

Ich halte immer noch das direkte Gegenübersitzen für die ideale Sitzposition bei einem Kennenlerngespräch. Dabei muss sich niemand verrenken oder verbiegen, und es ist unmittelbar zu erkennen, wie der Partner das Gesagte aufnimmt und darauf reagiert.

Ein wenig geeigneter Ort für ein Treffen wäre eine Kneipe. Der Hintergrund dafür ergibt sich aus den zuvor geschilderten Gründen. Es gibt nur wenige gemütliche Kneipen, in denen ein angenehmes und ruhiges Date möglich ist – Ausnahmen bestätigen die Regel. Es sollte auch nicht eure Stammkneipe sein, in der ihr regelmäßig verkehrt und die meisten der Gäste und den Wirt vielleicht persönlich kennt.

Kino, Theater oder ähnliche Orte sind absolut ungeeignet, um sich kennenzulernen, was wahrscheinlich auch auf der Hand liegt. Dort besteht so gut wie keine Möglichkeit, sich auszutauschen. Diese Einrichtungen sind eher geeignet, wenn man bereits ein Paar ist und einfach in Ruhe den Film oder das Theaterstück genießen möchte. Wenn ihr beide jedoch kulturell interessiert seid, bietet sich ein Besuch im Museum an. Wenn ihr wisst, was euch beiden gefällt, könnt ihr eine passende Ausstellung besuchen und euch auf diese Weise besser kennenlernen. Das ist auch eine ideale Möglichkeit, um sich kulturell auszutauschen. Ich würde das aber nicht unbedingt beim ersten Date praktizieren, da sollte vorrangig der Gesprächspartner im Vordergrund stehen.

Eine Alternative zu den ganzen genannten Örtlichkeiten wäre ein Spaziergang oder Wanderung in einer schönen Gegend, z. B. an einem See, im Wald oder Schlosspark. Da sind der Fantasie keine Grenzen gesetzt und auch die vorhandenen Möglichkeiten sind natürlich entscheidend. Jedoch sollte der Spaziergang in keiner einsamen, abgelegenen Umgebung gemacht werden, in der sich sonst niemand aufhält. Da ihr euch noch nicht wirklich kennt, könnte der Verdacht aufkommen, dass ihr nichts Gutes im Schilde führt und vielleicht ein psychopathischer Serienmörder seid, der sich gerade auf sein nächstes Opfer vorbereitet. Viele Frauen sind in dieser Hinsicht sehr vorsichtig und bevorzugen eine etwas belebtere Gegend. Idealerweise seid ihr bereits mit der Umgebung vertraut oder wisst zumindest, wie die örtlichen Gegebenheiten sind, um ein orientierungsloses Verlaufen zu vermeiden.

Die wenigsten möchten eine lange Reise auf sich nehmen, um einen Spaziergang mit jemandem zu unternehmen, den man kaum kennt. Deshalb sollte der Ausgangspunkt für beide nicht allzu weit entfernt sein. Von der Zeit her sollte mindestens eine Stunde eingeplant werden. Wenn das Gespräch erfolgreich war und beide gerne noch mehr Zeit miteinander verbringen möchten, besteht auch die Möglichkeit, woanders noch etwas Essen oder Trinken zu gehen, sofern die Möglichkeit dazu besteht. Wenn der Verlauf der Unterhaltung nicht so war wie erhofft, trennt man sich einvernehmlich mit ehrlichen Worten oder verbleibt dabei, dass man sich später schreibt.

Ebenso ist ein Spaziergang nach dem Essen im Restaurant oder im Café ideal, um sich noch ein wenig die Beine zu vertreten. Da ist es von Vorteil, wenn ihr mit der Umgebung etwas vertraut seid und wisst, wo man noch schön flanieren kann. Ideal wäre es, wenn ihr die Umgebung so gut kennt, dass ihr sie mit eurem Wissen darüber beeindrucken könnt, ohne sie dabei mit weniger interessanten Details zu langweilen. Von daher ist ein Date in einem Café in einer größeren Stadt ein günstiger Ausgangspunkt für weitere Unternehmungen. Dort bieten sich normalerweise etliche Möglichkeiten, um den Nachmittag oder Abend auf angenehme Weise zu Ende zu bringen.

Wer zahlt?

Wer übernimmt die Rechnung? Gute Frage. Heutzutage, im Zeitalter der emanzipierten und selbstbestimmten Frau, sollte man meinen, dass es nicht mehr selbstverständlich ist, dass der Mann zum Ende des Treffens die Rechnung übernimmt. Dem ist allerdings nicht immer so, einige der Damen erwarten oder hoffen darauf, dass sie eingeladen werden, ohne es zu sagen. Das bringt den Mann in einen Zwiespalt, soll er höflich und galant sein und für beide zahlen oder zu verstehen geben, dass jeder für sich zahlt? Wenn ihr nicht die komplette Rechnung übernehmen wollt, ist es am einfachsten, wenn ihr fragt, ob es in Ordnung ist, getrennt zu bezahlen.

Wenn davon auszugehen ist, dass das Date eher negativ verlaufen ist und kein weiteres folgen wird, ist es völlig legitim, dass jeder seinen Anteil der Rechnung selbst trägt. Ganz ehrlich, warum sollte „Mann" die komplette Rechnung übernehmen, wenn das Treffen als erfolglos zu bewerten und kein weiteres Wiedersehen zu erwarten ist – das ist nur fair. Wenn das Date allerdings als positiv einzustufen und mit einem eventuellen zweiten Date zu rechnen ist, ist „Mann" schon eher geneigt, für beide zu bezahlen. Es gibt natürlich auch Frauen, die das ganz gerne mal ausnutzen und auf den großzügigen Gentleman hoffen und sich bei der Rechnung vornehm zurückhalten.

Ich habe die Erfahrung gemacht, dass viele Frauen kein Problem damit haben, die Rechnung aufzuteilen, unabhängig davon, ob ein neues Treffen in Aussicht steht oder nicht. Wirtschaftlich betrachtet wäre das ständige Übernehmen der Rechnung auch eine recht kostenintensive Angelegenheit. Wenn man zwei bis drei Dates pro Monat mal auf zehn Jahre hochrechnet, kommt dabei schon eine beachtliche Summe heraus. Wenn man das Geld in einen profitablen Aktienfonds investiert hätte, wäre sicherlich ein kleiner Sportwagen dabei rumgekommen. Das ist natürlich nicht ganz ernst gemeint, hoffen wir doch alle, nicht zehn Jahre oder länger nach der richtigen Partnerin suchen zu müssen. Ich will euch damit nur verdeutlichen, dass ihr nicht verpflichtet seid, eure Begleitung einzuladen.

Dafür spricht es auch, sich in einem Café zu verabreden. Hier sind die Preise verhältnismäßig gering, wenn nur Kaffee und/oder Kuchen bestellt werden. Da ist es dann auch in Ordnung, dass der Herr wohlwollend die Dame einlädt, es sei denn, sie möchte gar nicht eingeladen werden und ihren Anteil selbst übernehmen. Kommen weitere Treffen zustande, kommt es nicht selten vor, dass die Frau euch einlädt, um ein gewisses Gleichgewicht herzustellen. Das kann dann auch dankend und ohne schlechtes Gewissen angenommen werden.

Nach dem Date

Wenn der Abend sich langsam dem Ende neigt und die Rechnung beglichen wurde, wird es Zeit, sich zu verabschieden. Hierfür gibt es keine Regel, je nachdem, was ihr für ein Gefühl zu eurer Verabredung entwickelt habt, ist es angebracht zu fragen, wie sie den Abend empfunden hat. Damit seid ihr in der vorteilhaften Position, dass sie eine Antwort geben muss. Dabei ist von beiden Ehrlichkeit gefragt, wenn ihr euch kein weiteres Treffen wünscht, dann sagt das auf nette Art und Weise. Besser ehrlich zueinander sein und dazu stehen, dass der Funke nicht übergesprungen ist, als sich gegenseitig zu vertrösten. Wem das zu schwer fällt, der kann auch im Nachhinein schreiben, dass es ein schöner Abend war, aber leider nicht mehr daraus wird.

Bei der Verabschiedung kennt ihr euch nun etwas besser, und eine Umarmung ist durchaus legitim, vorausgesetzt ihr habt das Gefühl, dass sie das auch möchte. Ein Kuss sollte nicht eingefordert bzw. erwartet werden, ist aber Gefühlssache, je nachdem, wie die Schwingungen zwischen euch sind.

Zwischen den Dates

Wenn ein Date vorbei ist und ein weiteres in Aussicht steht, ist es ungemein wichtig, den Kontakt zwischen den Dates aufrecht zu erhalten und das Match weiterhin am Leben zu halten und nicht einschlafen zu lassen. Jetzt kennt ihr euch bereits besser und könnt schon Pläne für das nächste Treffen schmieden. Um den Kontakt weiter zu intensivieren, ist es am besten, wenn ihr nicht nur miteinander schreibt, sondern auch telefoniert. Dadurch wird der bisherige Status eurer Bekanntschaft noch weiter ausgebaut und ihr lernt euch immer besser kennen und die Vorfreude auf das nächste Treffen wächst somit.

Parallele Dates

Dabei verhält es sich genauso wie bei parallelen Matches, warum auch nicht? Wenn ihr damit klarkommt und kein schlechtes Gewissen habt, ist das absolut in Ordnung. Ein Date ist auch nur ein Gespräch, um sich kennenzulernen und zu prüfen, ob denn vielleicht mehr daraus werden könnte. Ihr müsst mit euch selbst ausmachen, wie viele Dates ihr gleichzeitig mit verschiedenen Frauen parallel führen könnt und wollt. Das ist jetzt keine Prahlerei, aber es kam schon mal vor, dass ich an einem Wochenende drei Dates mit drei verschiedenen Frauen hatte. Das kann dann schon mal etwas stressig werden. Ich rate euch allerdings davon ab, an einem Tag zwei Verabredungen mit verschiedenen Partnerinnen zu vereinbaren, dass kann dann wirklich schnell zu viel werden. Schließlich soll das Ganze ja Spaß machen und kein Wettbewerb sein, bei dem es darum geht, möglichst viele Dates zu ergattern.

Mythos 3. Date

In den Köpfen einiger Männer herrscht immer noch der Aberglaube, dass beim oder nach dem dritten Date irgendwas passieren müsste, im Idealfall körperliche Interaktionen (Sex). Das ist ein Mythos, der aus Filmen und Romanen abgeleitet wurde und sich somit in Köpfen der Männerwelt manifestiert hat. Wann ihr den nächsten Schritt macht und dann den übernächsten, hängt ganz von euren Gefühlen ab. Lasst euch da von nichts und niemandem etwas weismachen, dass spätestens dann was laufen müsste. Das baut nur unnötig Druck auf und führt unter Umständen dazu, dass alles zunichte gemacht wird, was ihr euch so mühsam aufgebaut habt. Hört dabei einfach auf euer Gefühl, und im Zweifelsfall hilft es immer, miteinander zu reden.

Natürlich kommt es vor, dass schon nach dem ersten oder zweiten Treffen mehr passiert, als ein Abschiedskuss und man gemeinsam im Bett landet. Das hängt auch ganz davon ab, was jeder Einzelne erwartet und sich erhofft. Wenn einer von euch den anderen zu sich nach Hause auf einen Kaffee oder ein Glas Wein einlädt und der/die andere dem freudig zustimmt, ist davon auszugehen, dass es nicht dabeibleiben wird.

Dazu gibt es einen schönen Spruch, der gar nicht mal so abwegig ist:

Wenn die Chemie stimmt, sollte man mit der Biologie weitermachen!

Wichtig ist nur, dass ihr euch einig seid und nicht versucht, mit der sprichwörtlichen Brechstange irgendetwas zu erreichen, wozu euer Date noch nicht bereit ist. Es gibt kein Protokoll, dass vorschreibt, wie eine Beziehung zu entstehen hat und schon gar nicht, wie sie verlaufen soll.

Allerdings solltet ihr auch nicht zu lange warten, eurer Herzensdame eure Zuneigung zu gestehen, sonst lauft ihr Gefahr, dass ihr in der Freundschaftsfalle landet. D. h., es kommt zu keiner Liebesbeziehung, weil ihr euch nicht rechtzeitig getraut habt, eure wahren Gefühle ihr gegenüber zu gestehen. Dann endet eure Bekanntschaft irgendwann, weil sie mehr erwartet hat, oder ihr bleibt einfach nur Freunde, ohne dass es zu einer Beziehung kommt. Da ich mal voraussetzte, dass das nicht euer Ziel ist, solltet ihr früh genug klarstellen, dass euch etwas an ihr liegt und ihr euch eine ernste bzw. feste Beziehung mit ihr wünscht. Es ist absolut legitim, dass ihr eure Gefühle ihr gegenüber eingesteht, auch wenn das nicht immer so einfach ist.

7. MEINE DATES

Jetzt habe ich so viele Tipps und Ratschläge zum Daten und Kennenlernen gegeben, dass ich wohl nicht mehr umhinkomme, ein wenig aus dem Nähkästchen zu plaudern, wie ich die Zeit nach meiner Trennung erlebt habe.

Keine Sorge, ich werde euch nicht mit jedem einzelnen Date langweilen, das ich in der Vergangenheit erleben durfte. Es wird lediglich über eine überschaubare Auswahl von Treffen berichtet, die ich für erzählungswürdig halte. Die Anzahl der Dates, die ich in dieser Zeit hatte, ist unerheblich, es kommt dabei nur auf die Qualität an, die darüber entscheidet, ob mehr daraus wird oder nicht. Lieber ein perfektes Date, das zu einer Beziehung führt, als dutzende Verabredungen, die zu nichts führen. Nur leider hat man das selbst nicht immer in der Hand.

Wahrscheinlich bin ich bei der Auswahl meiner Partnerin manchmal auch etwas zu wählerisch und verzichte auf ein weiteres Treffen, weil mir irgendetwas nicht passt. Das liegt sicherlich auch daran, dass ich in meinem stattlichen Alter einen gewissen Anspruch an eine Partnerschaft habe. Das erschwert die Suche selbstverständlich und somit kommen auch mehrere Dates zustande. Die meiste Zeit meines Lebens befand ich mich in einer festen Beziehung, die meines Erachtens zumindest, bis auf kleine Ausnahmen, immer friedlich und harmonisch verlief. Das prägt natürlich, und da fällt es auch schwer, sich mit weniger zu begnügen. Deshalb suche ich lieber etwas länger nach der für mich richtigen Frau meines Herzens, als mich auf eine Beziehung einzulassen, bei der ich zu viele Kompromisse eingehen müsste.

Das erste Date

Ungefähr drei Monate nach der Trennung von meiner Frau, hatte ich schon oder erst, das liegt wohl im Sinne des Betrachters, mein erstes Date. Dabei gebe ich zu Bedenken, dass dies mein erstes Date überhaupt war. Alle Beziehungen und Verhältnisse, die ich davor hatte, kamen auf ganz herkömmliche Weise zustande, nämlich durch persönliches Kennenlernen – heute schon fast nicht mehr vorstellbar.

Kennengelernt haben wir uns, wie könnte es auch anders sein, über Tinder. Schon zu Beginn meiner Datingkarriere, war ich an einem schnellen persönlichen Treffen interessiert. So kam es, dass wir uns nach wenigen Tagen des Matchens zu einem ersten Treffen verabredet haben. Treffpunkt war an einem zentralen Platz inmitten von Köln. Ich hatte mich weiter auch gar nicht vorbereitet für diese erste Zusammenkunft. Zu diesem Zeitpunkt war mir auch noch nicht bewusst, was dabei so alles zu beachten ist und welche Fehler man machen kann.

Jedenfalls wurde ich ein paar Minuten vor dem Treffen schon etwas nervöser und überlegte mir, über was wir uns eigentlich unterhalten sollten und was ich wohl machen würde, wenn sie ganz anders aussieht als auf den Fotos ihres Profils, und ob ich sie überhaupt erkennen würde. Aber als ein paar Minuten später eine nette Frau mit dunklen Haaren lächelnd auf mich zukam, wurde mir bewusst: Das muss sie wohl sein.

Sie sah auch tatsächlich so aus wie auf ihren Fotos, was ich als durchaus positiv empfand. Jetzt kam mir nur der Gedanke, wie begrüßt man sich bei einem ersten Treffen? Eine Umarmung kam mir etwas zu persönlich vor, ein Handschlag wäre wohl etwas zu förmlich, ein einfaches Winken ohne Berührung wäre ziemlich dämlich, aber wie dann? Das Problem hatte sich von alleine gelöst, als sie mich zur Begrüßung herzlich umarmt hat – das hätte ich schon mal geschafft. Nach der Begrüßung kam die Frage auf, was machen wir jetzt? Das hatte ich mir so im Detail noch gar nicht richtig überlegt und wir sind einfach eine belebte Straße mit vielen Cafés und Restaurants entlanggegangen. Nach kurzer Zeit und einer angeregten Unterhaltung haben wir ein kleines gemütliches Restaurant gefunden, in dem wir uns an einen kleinen, etwas abseitsstehenden Tisch platziert haben – eigentlich der ideale Ort. Das hätte ich kaum besser planen können. Der Nachmittag zog sich bis in den Abend und ich war überrascht, wie unbeschwert und angenehm mein erstes Date verlief.

Höflich wie ich bin, habe ich die Rechnung übernommen. Das fand ich irgendwie angemessen. Wir waren uns auch einig, dass ein weiteres Treffen in Kürze stattfinden sollte, und so trennten wir uns nach einem langen und schönen Gespräch. Danach war ich richtig happy und voll motiviert für ein zweites Treffen. Ich hätte nicht gedacht, dass es einfach und unkompliziert verlaufen würde. Am nächsten Tag habe ich ihr geschrieben, dass mir unser Treffen sehr gefallen hat und ich mich schon auf das nächste freue. Den Kontakt haben wir über die App weiter gehalten und ich schlug für unser zweites Date ein Museum in Köln vor, da ich mich noch daran erinnern konnte, dass auch sie sich ebenfalls für Kunst interessierte. So kam es auch, und wir trafen uns direkt vor dem vereinbarten Museum. Die Begrüßung, die Unterhaltung und die Besichtigung der Ausstellung verliefen äußerst harmonisch und wir kamen uns auch zwischenzeitlich etwas näher. Ich empfand ihre Anwesenheit als sehr angenehm und ich hatte das Gefühl, dass sie ebenso fühlte.

Nach dem Besuch des Museums sind wir noch in ein nahegelegenes Café gegangen, das ich zuvor vorsichtshalber schon einmal ausgesucht hatte – ich bin ja durchaus lernfähig. Der weitere Verlauf unserer Verabredung war ebenso harmonisch, bis zu dem Zeitpunkt als das Thema Familienplanung aufkam. Ich hatte ja bereits das ein oder andere Mal darauf hingewiesen, dass diese Sache frühzeitig angesprochen werden sollte. Allerdings hatte ich nicht damit gerechnet, dass sie mit Anfang 40 noch eine Familie gründen wollte. Oje, das kam doch ziemlich unerwartet und hat mich umgehend auf den Boden der Tatsachen zurückgeholt. Ich musste ihr gestehen, dass ich nicht wirklich gewillt war, eine neue Familie zu gründen. Ich habe ja bereits eine große Tochter und wollte jetzt nicht das Projekt Familie 2.0 starten, schon gar nicht mit Ende Vierzig. Es mag sicherlich Männer geben, die das anders sehen, aber dazu zähle ich definitiv nicht. Deshalb sind wir übereingekommen, dass das keine gute Grundlage für eine lange und glückliche Beziehung sein kann und haben beschlossen, dass jeder wieder seine eigenen Wege geht.

Wir haben uns zum Abschied noch umarmt und freundlich verabschiedet, ohne dem anderen böse gewesen zu sein. Mir hat es irgendwie leidgetan, es war aber in jedem Falle die richtige Entscheidung aus meiner Sicht. Das Ganze habe ich als eine wichtige Erfahrung verbucht, und ich denke, ich habe aus dieser Begegnung Einiges gelernt. Danach fühlte ich mich gewappnet für das nächste Match, aus dem hoffentlich ein neues Date entstehen würde.

Das verpatze Date

Inzwischen hatte ich schon einige Erfahrungen beim Matchen und Daten gesammelt und fühlte mich auch schon recht sicher auf diesem Gebiet. Damit wuchs auch mein Selbstvertrauen. Auch wenn ein Date mal nicht erfolgreich verlief, war es immer eine Erfahrung, die mir geholfen hat, die Frauen ein bisschen besser zu verstehen – zumindest habe ich das geglaubt.

Im Frühjahr lernte ich über Tinder eine Frau kennen, von der ich recht schnell angetan war, und wir hatten einen intensiven Austausch während des Matchens. Wir hatten gleiche Interessen und Ansichten, was ja in einer Beziehung nicht ganz unwichtig ist. So kam es, dass wir uns nach ein paar Tagen auch schon zu einem Treffen verabredet hatten. In diesem Fall hatte sie ein spanisches Restaurant in Köln vorgeschlagen, in dem wir uns wenige Tage später trafen. Wir hatten ein wunderbares erstes Date und der ganze Abend verlief nahezu perfekt. Nach einem tollen Essen mit einer vielversprechenden Frau, sind wir noch zu einem Absacker in ein Café in der Nähe gegangen, das ich zuvor auskundschaftet hatte. Wir waren uns einig, dass wir einen schönen Abend miteinander verbracht hatten, den wir bald wiederholen wollten. Und so kam es, dass wir uns schon eine Woche später wieder trafen. Dieses Mal hatte ich ein indisches Restaurant ausgesucht, das ich bereits gut kannte. Auch diese Verabredung verlief wieder bilderbuchmäßig, und es deutete nichts darauf hin, dass wir nicht perfekt zueinanderpassen würden.

Die Zeit zwischen unseren Treffen hatten wir weiterhin viel miteinander geschrieben und telefoniert. Ich konnte mir gedanklich auch schon eine Beziehung mit ihr vorstellen, die meines Erachtens, durchaus Zukunft gehabt hätte. Allerdings gab es da ein Thema, das mir bereits bei anderen Dates zum Verhängnis wurde. Mein Beziehungsstatus war zwar getrennt, aber ich wohnte immer noch mit meiner zukünftigen Ex-Frau unter einem Dach. Verständlicherweise kam das bei einigen meiner vorherigen Bekanntschaften nicht so gut an. Das war mit einer der Gründe, warum ich bereits angefangen hatte, mir eine eigene Wohnung zu suchen, in der ich mein Leben zukünftig so gestalten konnte, wie ich mir das vorstellte.

In der Zwischenzeit telefonierten wir munter weiter und erzählten uns auch von unseren persönlichen Erfahrungen, die wir mit anderen gemacht hatten. Da war ich dann offensichtlich einmal etwas zu erzählfreudig und berichtet ihr von einem intimen und besonderen Erlebnis, das ich wenige Monate zuvor erlebt hatte, da wir zufällig gerade über dieses Thema gesprochen hatten. Ich hatte mir das Vergnügen einer tantrischen Massage gegönnt und ihr davon berichtet, ohne dabei ins Detail zu gehen. In jedem Falle war das für mich eine ganz besondere Erfahrung, die ich jedem empfehlen kann, der einmal die totale Entspannung erleben möchte. Offensichtlich hatte sie aber ein Problem damit und eine ganz andere Meinung dazu. Kurzerhand hat sie mir ihre Meinung dazu per WhatsApp zukommen lassen und mich direkt gesperrt, sodass gar keine Möglichkeit mehr bestand, darüber zu reden. Auch wurden meine Telefonanrufe von ihr komplett ignoriert und Sprachnachrichten auf ihrer Mailbox nicht beantwortet. Ich war wirklich schockiert und konnte die Welt oder besser gesagt die Frau(en) nicht mehr verstehen. Ich war mir keiner Schuld bewusst, hatte ihr doch nur erzählt, was ich erlebt hatte und wenn ihr das nicht gefällt, dann ist das auch völlig in Ordnung. Ich konnte ihre Reaktion in keinster Weise nachvollziehen und ihr Verhalten nur als unreif und unerfahren einordnen, da das meine Erfahrungen sind, die sie nicht betreffen. Offensichtlich hatte sie eine völlig andere Vorstellung von sexuellen Erfahrungen und gemeinsamem intimem Spaß als ich. Damit war diese verheißungsvolle Bekanntschaft schlagartig beendet. Im Nachhinein war ich dann doch ganz froh, dass es bereits zu Anfang zu diesem abrupten Ende unserer Beziehung kam. Wenn solche Sachen erst zum Problem werden, wenn sich die Beziehung bereits ein gutes Stück weiterentwickelt hat, macht es das umso bedauernswerter.

Normalerweise wird bei den ersten Treffen eher selten direkt über sexuelle Erfahrungen und Vorlieben gesprochen. Es ist schwer abzuschätzen, wann der richtige Zeitpunkt dafür ist, spätestens wenn man zusammen im Bett landet. Am besten einfach abwarten, bis es sich ergibt. Falls sie damit beginnt, ist das der perfekte Einstieg, um gegenseitig mehr voneinander zu erfahren. Dabei aber unbedingt behutsam vorgehen und nicht mit Ex-Partnerinnen prahlen und erzählen, was ihr mit denen alles erlebt habt. Ich habe jedenfalls daraus gelernt, nicht zu früh über Erfahrungen dieser Art mit ehemaligen Partnerinnen zu berichten.

Das schnelle Date

Ein halbes Jahr nach meiner Trennung hatte ich recht schnell eine wunderbare Wohnung, genau nach meinem Geschmack, vor den Toren von Köln gefunden. Das hatte nur den bitteren Beigeschmack, dass ich von nun an offiziell kein Kölner mehr war. Das war in der Tat ein wirklich schwerer Schritt für mich. Der Kölner verlässt nur sehr ungern sein ihm vertrautes Revier, auch als Immi. So musste ich eine neue Telefonvorwahl und ein neues KFZ-Kennzeichen über mich ergehen lassen, aber ich hab's überstanden und keine bleibenden Schäden davongetragen.

Am Tag der Wohnungsübergabe habe ich erst einmal mein neues Domizil genau inspiziert und alles für den anstehenden Einzug vorbereitet. Das war schon ein tolles Gefühl, nach so langer Zeit in einer Beziehung, wieder allein und selbstständig in den eigenen vier Wänden zu leben, ohne jemandem Rechenschaft über irgendetwas ablegen zu müssen. Ein ganz neuer Lebensabschnitt lag nun vor mir und ich freute mich schon darauf, diesen in vollen Zügen zu genießen.

Nachdem ich in meiner neuen Wohnung soweit alles erledigt hatte, riskierte ich mal einen Blick auf meine Tinder-App, um einmal mein neues Gebiet zu sondieren. Ich war zwar nur wenige Kilometer von meiner vorherigen Heimat entfernt, aber wer weiß schon, welche neuen Möglichkeiten sich in der neuen Heimat ergeben. Und siehe da, nach einigen Swipes nach links und rechts hatte ich schon ein neues Match. Das war tatsächlich unerwartet schnell, dafür dass ich erst seit wenigen Stunden hier wohnte. Ich hatte eine Frau ganz in der Nähe mit einem ansprechenden Profil gematcht. Um keine Zeit zu verlieren, hatte ich ihr direkt geschrieben und kurz darauf auch schon eine Antwort erhalten. Beim Hin- und Herschreiben hatte ich ihr meine aktuelle Situation geschildert und meinte zu ihr, dass ich diese Woche zeitlich recht flexibel bin, da ich gerade mit meinem Umzug beschäftigt bin und Urlaub habe. So kam es, dass wir uns für zwei Tage später beim Vietnamesen ganz in meiner Nähe zum Mittagessen verabredeten. Das war mal eine wirklich schnelle Verabredung, dachte ich mir und freute mich bereits darauf, meine neue Umgebung besser kennenzulernen und dabei noch ein Date mit einer Frau aus der gleichen Ortschaft zu haben – das fing schon mal gut an.

Zwei Tage später unterbrach ich dann meinen Umzug für das besagte Treffen und begab mich freudig zum vereinbarten Restaurant. Meine Verabredung war bereits da und so begann unser Date. Das war dann doch etwas ernüchternd, denn die Profilfotos waren schon sehr vorteilhaft aufgenommen worden. Ich will nichts Schlechtes sagen, aber sie war dann doch eher der Typ Hausfrau, was ja durchaus in Ordnung ist, aber leider nicht mein bevorzugtes Beuteschema ist. Trotzdem war es aber insgesamt ein nettes Beisammensein mit einer herzlichen Frau. Wir haben uns im Anschluss erst einmal bis auf weiteres verabschiedet, wohl mit dem Wissen, dass es bei uns beiden nicht gefunkt hat und kein weiteres Treffen in Aussicht stand.

Auch wenn es nicht die Traumfrau ist, mit der ihr ein Date habt und euch klar ist, dass sich daraus höchstwahrscheinlich keine Beziehung entwickeln wird, so kann das Treffen dennoch angenehm und interessant verlaufen. Auch wenn der sprichwörtliche Funke nicht übergesprungen ist, kann man dennoch eine kurzweilige Konversation führen und dabei einen netten Menschen kennenlernen.

Das C-Date

Nach einer gewissen Zeit wollte ich mal was Neues ausprobieren und hatte mich bei C-Date (Casual-Date) angemeldet. Genau ..., mehr als nur ein Date! Für mehr Spaß zu zweit – so verspricht es zumindest die Werbung. Die Aufmachung des Portals und das Konzept fand ich insgesamt eigentlich ganz ansprechend und unkompliziert. Allerdings kam die Ernüchterung zum Ende meiner dreimonatigen Abo-Laufzeit. Ich hatte zwar ein paar Matches mit einigen Frauen, denen allerdings kein Treffen folgte. Diese wurden kurzerhand abgesagt oder der Schriftwechsel verlief im Sande. Ob da eventuell ein paar Fake-Profile dabei waren, kann ich nicht beurteilen, der Verdacht kam mir allerdings auf.

Kurz vor Ende meines Abos kam doch noch ein Match zustande, das einen vielversprechenden Verlauf nahm. Eine Frau aus der bösen Stadt (für Kölner sind Düsseldorfer grundsätzlich suspekt, und umgekehrt verhält es sich ähnlich) hatte mit ihrem Profil mein Interesse geweckt, was glücklicherweise auf Gegenseitigkeit beruhte. So begann eine intensive Konversation mit einer sehr außergewöhnlichen Frau, die eigentlich ganz andere Interessen hatte als ich, aber darauf kam es eigentlich auch gar nicht an.

Der Haken an der Sache war allerdings, dass sie sich wenige Tage später in den Urlaub begeben wollte und wir uns deshalb die nächsten zwei Wochen erst einmal nicht treffen konnten. Zu dem Zeitpunkt hatte ich mich innerlich schon von ihr verabschiedet, da ich es für unwahrscheinlich hielt, dass wir den Kontakt halten und uns danach treffen würden. Jedoch wurde meine Befürchtung nicht bestätigt, ganz im Gegenteil, der Kontakt hatte sich sogar noch weiter intensiviert. Inzwischen hatten wir unsere Kommunikation auf WhatsApp umgestellt, um die ganze Sache zu vereinfachen. So kam es, dass wir fast täglich miteinander geschrieben haben und inzwischen auch weitere Fotos ausgetauscht hatten. In den Abendstunden hat sich unsere schriftliche Kommunikation immer weiter gesteigert, sodass man schon von einem „Dirty Match" reden konnte, wenn es diese Bezeichnung überhaupt gibt. Das war für mich auch eine völlig neue Erfahrung und ich hatte durchaus Gefallen daran gefunden. Irgendwann war uns das dann zu wenig und zu umständlich, deshalb haben wir kurzfristig beschlossen, direkt miteinander zu telefonieren. Das war zu Beginn schon etwas ungewohnt, aber wir kamen recht schnell wieder an den Punkt, an den wir beim Schreiben aufgehört hatten. Ich muss zugeben, diese Frau war wirklich unglaublich und übertraf meine kühnsten Erwartungen und das nur am Telefon. Ich habe die Stunden nicht gezählt, die wir miteinander telefoniert hatten, aber ich habe jede Minute davon genossen.

Ich war schon extrem gespannt auf unser erstes Treffen, das bald stattfinden sollte. Wir hatten verabredet, dass ich sie direkt nach ihrer Rückkehr in Düsseldorf besuchen komme. So kam es dann auch. Etwa drei Wochen nach unserem ersten Schriftwechsel stand ich vor ihrer Tür und war vom Gefühl her zwischen freudig erregt und total nervös. Diese Art der Verabredung war für mich auch völlig neu und ich wusste nicht wirklich, was da auf mich zukommt.

Als wir uns dann das erste Mal vor ihrer Tür gegenüberstanden und begrüßten, war sofort eine gewisse Vertrautheit da, die offensichtlich aus unseren vorherigen, durchaus intimen Telefonaten resultierte. Trotzdem mussten wir uns erst einmal langsam annähern und haben den Abend gemütlich bei einer Flasche Wein auf ihrem Balkon begonnen. Es dauerte nicht sehr lange und wir kamen uns näher und näher. Was soll ich sagen, alles lief perfekt und wir verbrachten ein äußerst intensives und leidenschaftliches Wochenende miteinander, bei dem wir beide unseren Spaß hatten.

Auch wenn wir beide charakterlich eigentlich recht unterschiedlich waren, so entwickelte sich aus diesem intensiven

Wochenende eine Beziehung, die über vier Monate anhielt. Allerdings fällt es mir schwer, dieses Verhältnis, wie wir es hatten, genau zu benennen; irgendetwas zwischen Freundschaft+ und einer Wochenend-Beziehung. Jedenfalls haben wir eine sehr schöne Zeit miteinander verbracht, die ich nicht missen möchte.

Das Beziehungs-Date

Das Jahr 2020 hatte ganz gut begonnen, zu diesem Zeitpunkt konnte ja noch niemand ahnen, wie bescheiden der Rest des Jahres verlaufen würde – coronatechnisch betrachtet.

Zufällig an meinem 50. Geburtstag schrieb mich eine Frau auf einer Facebook-Singel-Gruppe an, in der ich eher als stiller Mitleser angemeldet war, dass sie mich bzw. mein Profil sehr interessant finden würde. Nachdem ich mir ihr Profil etwas näher angesehen hatte, war auch ich von ihr angetan und antwortete wahrheitsgemäß, dass ich mich freuen und gerne mit ihr schreiben würde. So ergab sich ein reger Schriftwechsel, den wir schnell auf WhatsApp verlegt haben. Es dauerte nicht lange, und wir verabredeten uns nach wenigen Tagen bei meinem Lieblingsitaliener, ganz in meiner Nähe. Da sie zufällig auch einmal in der gleichen Gegend gewohnt hatte, kannte sie das Restaurant auch und wir hatten eine weitere Gemeinsamkeit.

Der Abend in dem Restaurant hätte besser nicht verlaufen können. Wir verstanden uns auf Anhieb und waren uns ganz offensichtlich gegenseitig sehr sympathisch. Ich denke ich übertreibe nicht, wenn ich behaupte, dass der Funke dabei bereits übergesprungen ist. Nach einer herzlichen Verabschiedung schrieb ich ihr später noch, dass ich den Abend mit ihr sehr schön fand und sie gerne bald wiedersehen wollte. Wenn das erste Date perfekt gelaufen ist, sollte man nicht zu lange auf das zweite warten und den Kontakt unbedingt halten.

Wie erhofft, sah sie das genauso, und wir trafen uns schon ein paar Tage später mittags in einem Kölner Café. Auch wenn die zweite Begegnung verhältnismäßig kurz war, da sie ihre Mittagspause genutzt hatte, war es trotzdem wieder schön, mit ihr gemeinsam Zeit zu verbringen und mehr über sie zu erfahren. Zwischen den Treffen haben wir weiter fleißig geschrieben und telefoniert, um uns die Zeit zum nächsten Wiedersehen zu verkürzen. Und so kam es, dass wir auch schon bald unsere dritte Verabredung vereinbart hatten. Dieses Mal in dem indischen Restaurant in Köln, das ich bereits bei einem vorhergehenden Date ausgesucht hatte. Dieses Mal hatte ich ihr angeboten, sie vorher zu Hause abzuholen, was von ihrer Seite her begrüßt wurde. Das hat mir auch verdeutlicht, dass sie mir offensichtlich vertraute. Damit war ich in der vorteilhaften Position, dass ich sie nach dem Treffen auch wieder nach Hause zurückbringen durfte. Das hatte ich selbstverständlich ganz ohne strategische Hintergedanken so geplant. Glücklicherweise war ihr Sohn an diesem Abend nicht zu Hause, für den Fall, dass wir später evtl. noch einmal dorthin zurückkommen sollten. Womöglich war ich nicht der Einzige, der den Abend schon etwas vorausgeplant hatte.

Unser Essen im besagten indischen Restaurant verlief wie zuvor: wieder sehr harmonisch und wir hatten uns wieder viel zu erzählen, sodass wir danach noch auf einen Kaffee in eine benachbarte Bar gegangen sind. Die Kölner Innenstadt bietet in dieser Richtung eine wirklich große Auswahl an. Als der Zeitpunkt gekommen war, brachte ich sie ganz gentlemanlike wieder zurück bis zu ihrer Haustür. Auf die Frage von ihr, ob ich noch auf ein Glas Wein mit reinkommen wollte, konnte ich meine Freudentränen nur mit Mühe zurückhalten, und ich sagte freudig „sehr gerne". Ein Glas Wein geht immer, dachte ich mir, und wer weiß, was sich danach ergibt. Es kam, wie es kommen musste, der Wein wurde schnell zur Nebensache, und wir kamen uns näher. Wir hatten eine wunderbare Nacht bei ihr verbracht und ich durfte sogar bis zum Frühstück bleiben. Damit begann unsere Beziehung offiziell und ich war von diesem Zeitpunkt an kein Single mehr.

Okay, ich weiß, was ich zum Thema drittes Date geschrieben habe..., aber manchmal ergibt es sich einfach so, unabhängig davon, ob es die zweite, dritte oder sonst welche Verabredung ist. Das ergibt sich aus der Situation und den Schwingungen, die zwischen beiden herrschen – dagegen ist man einfach machtlos.

Die Katze, die mit in ihrem Haushalt lebt, habe ich mehr oder weniger mit in mein Herz geschlossen, aber auch nur, weil das gute Tier Schlafzimmerverbot hatte. Wir führten eine tolle und harmonische Beziehung, in der es an nichts fehlte, allerdings trennten sich unsere Wege nach ziemlich genau einem halben Jahr. In Bezug auf unsere gemeinsame Zukunft waren wir sehr unterschiedlicher Ansicht, und daraus folgte dann unweigerlich die Trennung. Ich war nach so kurzer Zeit einfach noch nicht bereit, den nächsten großen Schritt zu wagen. Als ich glücklich und zufrieden in der Beziehung mit ihr schwelgte, konnte sie sich bereits vorstellen, dass wir in naher Zukunft zusammenziehen würden. Was in unserem Fall bedeutet hätte, dass ich zu ihr in ihr Haus gezogen wäre und meine schöne Wohnung, in der ich mich doch so wohlfühlte, wieder hätte aufgeben müssen. Da ich ja auch immer vorausdenke, hatte ich die Sorge, dass ich im Falle einer Trennung dann ziemlich schlechte Karten hätte und mir dann schnell wieder eine neue Bleibe suchen müsste. Ganz ehrlich, dass war mir einfach zu schnell und das wollte ich auch nicht, zumindest nicht zu diesem Zeitpunkt. So kam es, dass wir uns friedlich und einvernehmlich trennten und jeder sich nun wieder auf die Suche begab, den passenden Partner für sich zu finden.

Einige Wochen später wurde mir auf Tinder dann ihr Profil vorgestellt. Das war schon eigenartig, sie dort wiederzusehen. Allerdings hatte sie versäumt dort zu erwähnen, dass sie jemanden sucht, der auch bereit ist, möglichst bald bei ihr einzuziehen – vielleicht klappt es ja beim nächsten Partner. Ich wünsche ihr jedenfalls von Herzen, dass sie den richtigen für sich findet, mit dem sie glücklich wird.

Das Vortäuschung-falscher-Tatsachen-Date

Wieder einmal hatte ich ein vielversprechendes Match bei Tinder mit einer Frau, die sogar im gleichen Ort wie ich wohnte. Erfreulicherweise hatten wir viele gemeinsame Interessen und vertraten beide die Ansicht, dass es besser ist, sich schnell zu treffen, als ewig lange zu schreiben. Eine Frau nach meinem Geschmack, dachte ich mir. Sie hatte vorgeschlagen, dass wir uns zum Spazieren an einem See ganz in der Nähe treffen. Das war mir auch ganz recht, so musste kein Café oder Restaurant ausgesucht und auch nichts reserviert werden.

Wir trafen uns wenige Tage nach unserem ersten Kontakt am vereinbarten Ort, ein Parkplatz direkt am Strandbad des Sees. Während ich auf sie wartete, kam mir der Gedanke, dass es schon recht ungewöhnlich ist, sich an so einem verhältnismäßig abgelegenen Ort mit jemandem zu treffen, den man eigentlich gar nicht kennt. Zumindest aus Sicht der Frau, fand ich das schon recht mutig, schließlich kann niemand wissen, was in der anderen Person so vorgeht oder was diese im Schilde führt – ist ja nicht jeder so nett wie ich.

Nach ein paar Minuten des Wartens kam eine Frau auf mich zu, die keine allzu große Ähnlichkeit mit der Frau von dem Tinder-Profil hatte, aber offensichtlich musste sie es sein, da sie zielstrebig auf mich zukam und sich vorstellte. Anhand der Fotos hätte ich sie nicht wirklich erkannt, da lagen mindestens 5 Jahre und bestimmt 20 bis 25 kg mehr dazwischen, grob geschätzt. Ich habe mir aber nichts anmerken lassen, zumindest nicht bewusst und nach einer förmlichen Begrüßung starteten wir unseren Spaziergang rund um den See. Man soll ja nicht vom Äußeren auf den Charakter eines Menschen schließen, aber wenn die Person in Natur dann ganz anders aussieht als auf ihren Profilfotos, ist das schon irritierend. Nichtsdestotrotz hatten wir während unseres einstündigen Spazierganges eine angenehme Unterhaltung, die aber eher einem Austausch von Informationen glich. Irgendwie kamen bei unserem Gespräch auch keine großen Emotionen oder Gefühle für den jeweils anderen auf, was wohl darauf zurückzuführen war, dass wir unterschiedliche Ansichten und Interessen vertraten und auch vom Charakter her eher gegensätzlich waren.

Nachdem wir unsere Runde beendet hatten, haben wir uns noch freundlich voneinander verabschiedet und nichts weiter vereinbart. Später habe ich ihr dann geschrieben, dass es eine nette Begegnung war, wir aber offensichtlich nicht füreinander bestimmt sind. Das hatte sie bestätigt und war ebenfalls der Meinung, dass es nicht passen würde.

Ist doch schön, wenn man so offen miteinander kommunizieren kann, ohne den anderen zu verletzen. Auch schlechte Erfahrungen gehören beim Daten einfach dazu, daraus kann man nur lernen.

Das No-Go-Date

Da ich vorwiegend auf Tinder aktiv war, ergab es sich zwangsläufig, dass mein neues Match auch wieder dort stattfand. Eine Kölnerin, das traf sich gut, keine weite Strecke zu fahren und ein Sympathiepluspunkt. Nach einigen Tagen des Schreibens, haben wir uns ca. eine Woche später in einem Restaurant zwischen Köln und meiner Heimatstadt verabredet. Als sie etwas verspätet das Lokal betrat, war ich von ihrer äußeren Erscheinung und ihrer gesamten Art sehr angetan. Sie hatte tatsächlich eine sympathische Ausstrahlung, wie ich ihr bereits bei meinem Eröffnungssatz bei unserem Match geschrieben hatte. Tatsächlich war sie auch ein Kölsches Mädchen, mit dem entsprechenden unverkennbaren rheinländischen Akzent.

Insgesamt war es auch ein durchaus angenehmes und unterhaltsames Gespräch. Im Laufe des Abends stellte sich allerdings heraus, dass sie wohl die typische Tier-Frau war, mit Hund, Katze und einem eigenen Pferd. Alleine dieser Tierbestand erfordert schon eine Menge an Hingabe und Zeit. Kinder hatte sie auch, womit ich aber absolut kein Problem habe; was mich allerdings störte war, dass sie rauchte und nicht nur Gelegenheitsraucherin war.

Ich wankte innerlich, ob ich das alles hinnehmen könnte und wollte oder mich früher oder später an diesen Gegebenheiten stören würde. Wie ich mich kenne, würde mich das insgesamt dann doch eher abschrecken und Schmetterlinge tanzten auch nicht gerade in meinem Bauch. Trotzdem fand ich sie sehr nett und wir verbrachten einen unterhaltsamen und lustigen Abend miteinander. Als wir uns später voneinander verabschiedeten, sind wir so verblieben, dass wir in Kontakt bleiben wollten. Das haben wir auch tatsächlich getan. Wenige Tage später sind wir aber übereingekommen, dass wir es dabei belassen und kein weiteres Treffen anstreben.

Ich denke, dass es die richtige Entscheidung war; wenn die Nachteile überwiegen, bringt es meiner Meinung nach auch nichts, sich weiterhin zu treffen. Wenn man sich zudem über die Gefühle füreinander noch nicht so ganz im Klaren ist und meint, dass es für eine Beziehung nicht ausreicht, sollte auch nicht versucht werden, dort mehr hineinzuinterpretieren, als tatsächlich vorhanden ist.

Das Hunde-Date

Wieder einmal kam ein Tinder-Match zustande und wie der Zufall es wollte, wohnte auch sie in Köln. Nicht das jemand von euch denkt, ich würde mich nur mit Kölnerinnen treffen wollen. Meinen Suchradius bei Tinder hatte ich auf 45 km eingestellt, sodass eigentlich auch die umliegenden Städte und Ortschaften in Betracht gezogen werden. Wie es scheint, sind die Kölner Frauen aber in der Überzahl und tauchen deshalb des Öfteren auf meinem Radar auf.

Auch diese Dame war recht pragmatisch eingestellt und wir wechselten nach kurzer Zeit zu WhatsApp und verabredeten recht schnell ein Treffen. Da sie Hundebesitzerin war, bot sich ein Spaziergang an, bei dem sie ihren Vierbeiner mitbringen und frei laufen lassen konnte. Wir trafen uns nur wenige Tage nach dem ersten Schriftverkehr in einem Kölner Waldgebiet, das mir bis dato noch völlig unbekannt war. Als ich am vereinbarten Treffpunkt ein Fahrzeug einer Hundeschule erspähte, aus dem sie dann ausstieg, war mir klar, dass ihre ganze Leidenschaft den Hunden gewidmet ist.

Die Begrüßung verlief recht formell, aber freundlich, und währenddessen öffnete sie ihr Fahrzeug, aus dem freudig zwei Hunde heraussprangen. Wie sie mir erzählte, war einer davon ihrer und der andere ein vorübergehender Pflegehund. Ihre beiden anderen Hunde hatte sie heute zu Hause gelassen, damit es nicht zu viel wird. Ja, toll, dachte ich mir, einen Hund finde ich schon nett als Haustier und Wegbegleiter, aber drei davon plus Gästehunde ist schon eine andere Hausnummer. Während unserer kleinen Tour durch das nördliche Kölner Waldgebiet hatten wir ein angenehmes Gespräch, bei dem allerdings ihr Hauptthema die Hunde waren. Zudem wurde unsere Unterhaltung durch ihre ständigen Kommandos und Befehle an die beiden Vierbeiner des Öfteren unterbrochen. Ich muss aber zugeben, die Hunde hatte sie definitiv im Griff. Ich habe selten zuvor so gut erzogene und parierende Hunde erlebt. Die beiden hörten auf jedes Wort von ihr, ob sie das mit ihren Partnern auch so handhabt, habe ich nicht gefragt, aber eine gewisse Dominanz ging von ihr schon aus, zumindest den Hunden gegenüber.

Nach über einer Stunde war mir klar, dass ich eher nicht Mitglied in einer Hundefamilie sein wollte. Auch wenn diese

Tiere toll und beeindruckend sind, so bevorzuge ich es doch etwas weniger lebhaft. Dabei muss einem auch klar sein, dass Hunde ihrem Besitzer einiges abverlangen und viel Zeit beanspruchen, siehe hierzu auch meine Hinweise zur Tier-Frau unter den Frauentypen. Ich denke, sie hat auch gemerkt, dass wir nicht füreinander bestimmt sind, und so haben wir uns verabschiedet, ein weiteres Treffen nicht in Erwägung zu ziehen.

Was ich noch sagen wollte

Soweit zu meinen Feldversuchen bzw. Erfahrungen in der freien Wildbahn. Ich muss aber auch dazu sagen, dass nicht jedes Date spektakulär ist und meistens einen ganz normalen Verlauf nimmt. Wenn es nicht direkt beim ersten Treffen funkt, heißt das aber nicht unbedingt, dass es keine weitere Verabredung geben muss. Wenn ihr euch sympathisch seid und ungefähr auf einer Wellenlänge liegt, ist das schon mal viel wert, und darauf kann man durchaus aufbauen. Deshalb kann ich nur empfehlen, bei einem positiv verlaufenden ersten Date, es weiter zu versuchen und herauszufinden, ob es vielleicht doch die Richtige ist. Dass die große Liebe sofort erwacht, ist recht unwahrscheinlich. Sie wird sich in aller Regel erst später entwickeln. Wobei die große Liebe auch noch nicht einmal das primäre Ziel aller Suchenden ist, vielen genügt bereits eine gut funktionierende Partnerschaft, in der man einfach nur gut miteinander auskommt, ohne sich dabei gegenseitig auf den Keks zu gehen. Wenn die Differenzen allerdings zu groß sind oder andere Dinge zu sehr stören, dann sollte man so ehrlich zu sich selbst sein und sich eingestehen, dass aus dieser Konstellation mit Sicherheit keine stabile Beziehung entstehen kann. Wenn die Mindesterwartungen an den Partner nicht erfüllt werden und ihr damit ein Problem habt, dann lasst es besser bleiben und seht ein, dass sie einfach nicht die Richtige für euch ist.

Unabhängig davon, ob euer Date ideal verlief oder eher den Eindruck vermittelt hat, dass es eher bescheiden war, kann es passieren, dass sie euch früher oder später gesteht, dass sie noch nicht bereit ist für eine neue Partnerschaft. Einigen Frauen wird das offensichtlich erst klar, wenn sie ein Date mit einem potenziellen neuen Partner hatten und im Anschluss merken, dass sie sich emotional noch nicht vollständig von ihrem Ex-Partner gelöst haben. Das führt unweigerlich dazu, dass sie von weiteren Treffen absieht und sich erst einmal zurückzieht. Das ist dann natürlich Pech für euch, aber wenigstens wisst ihr dann, wo ihr dran seid und dass es keinen Sinn macht, sich weiter um sie zu bemühen.

Sobald ich das Gefühl habe, dass ich Frau gefunden habe, mit der ich mir eine feste Beziehung vorstellen kann, und ich das der Dame meines Herzens offenbart habe, sind für mich weitere Matches und Verabredungen hinfällig und werden abgebrochen bzw. abgesagt. Da ich eine feste Beziehung anstrebe, die auf Ehrlichkeit beruht, habe ich auch kein Interesse an anderen Geschichten.

8. RESÜMEE

Inzwischen blicke ich nun auf fast zwei Jahre Erfahrung im Bereich Datingportale, im besonderen Tinder, und den daraus resultierenden Dates zurück. Ein paar waren darunter mit positivem Verlauf und viele andere mit einem ernüchternden Ergebnis. Ich hatte zu Beginn nicht erwartet, dass es so aufwendig und zeitintensiv werden kann, online eine passende Partnerin zu finden. Es soll ja auch nicht irgendeine Frau sein. Es muss sowohl optisch als auch zwischenmenschlich passen, das sind für mich schon mal die Grundvoraussetzungen. Bei den ganzen anderen Eigenheiten, Vorlieben, Hobbys und dergleichen, muss einfach abgewogen werden, ob es passt oder die Differenzen doch zu groß sind, sodass eine Beziehung nicht in Betracht gezogen werden kann. Das ist auch schwer rational einzuschätzen, da das im Allgemeinen eine Entscheidung ist, die zwischen Kopf, Herz und Bauch getroffen wird. Wenn eines Tages die Richtige vor euch steht, sind plötzlich alle anderen Gegebenheiten irrelevant und ihr hört nur noch auf euer Herz. Da will dann auch niemand vorausplanen, ob es später aufgrund von unterschiedlichen Ansichten oder Lebensumständen evtl. doch wieder in die Brüche gehen könnte. Wenn man im Vorfeld immer alle Parameter abwägt, würde es wahrscheinlich niemals zu einer ernsthaften Beziehung kommen, weil immer irgendetwas nicht passt und evtl. zu Problemen führen könnte.

In einer Beziehung muss man auch bereit sein, etwas zu wagen und sich auf das Abenteuer Liebe einzulassen, ohne sich dabei zu sehr zu verbiegen oder dem anderen zu gerecht zu werden. Wichtig ist, dass ihr euch selbst treu bleibt und euch nicht für jemand anderen aufgebt.

Ich muss aber auch zugeben, dass jedes Date, dass ich in der Vergangenheit hatte auf seine Art und Weise besonders und individuell war und ich jedes Mal auch meinen Spaß dabei hatte, eine neue Frau kennenzulernen. Zudem habe ich einiges dazu gelernt, was Frauen angeht, und betrachte das Thema Dating inzwischen recht entspannt und locker. Auch wenn der Ablauf bei den meisten Treffen häufig recht ähnlich verläuft, so ist es doch immer wieder interessant, einen neuen Menschen kennenzulernen und neue Erkenntnisse über dessen Charakter zu gewinnen. Ich möchte aber auch erwähnen, dass keines meiner Dates mich je versetzt hatte oder eine totale Katastrophe war, bei der ich schreiend davongerannt wäre. Trotz aller Widrigkeiten und auch Misserfolgen, die ich erlebt hatte, habe ich niemals aufgegeben und bin immer zuversichtlich in ein neues Match gestartet, das im Idealfall dann zu einem Date führte. Deshalb ist es wichtig, dass man sich nicht von Fehlschlägen verunsichern lässt und es immer weiter versucht.

In der ganzen Zeit habe ich mich auch noch bei anderen Datingdiensten umgeschaut und deren Angebote getestet. Außer Tinder habe ich zwischenzeitlich bei Lovoo, Badoo, Kölner Singels, Love Scout 24, C-Date und Facebook-Singlegruppen weitere Erfahrungen gesammelt. Jeder dieser Dienste hat seine eigenen Vor- und Nachteile, die am besten aber von jedem selbst getestet werden sollten, da jeder Dienst seine eigene Zielgruppe hat. Es ist jedoch sinnvoll, bevor man verschiedene Portale selbst testet, die einschlägigen Bewertungen und Kritiken dazu im Netz zu ergründen, welches denn der passende für einen selbst ist.

Ohne hier Werbung für Tinder betreiben zu wollen, muss ich jedoch zugeben, dass mir das Prinzip und die Handhabung dort am meisten zugesagt haben, zumindest für meine Bedürfnisse. Hilfreich ist es, die von mir genannten Empfehlungen zu berücksichtigen und zu verinnerlichen, um dort Erfolge zu erzielen. Macht eure eigenen Erfahrungen und traut euch, das Abenteuer Dating in Angriff zu nehmen. Lasst euch nicht von Fehlschlägen oder abgebrochenen Matches unterkriegen, sondern nehmt es als weitere Erfahrung auf dem Weg zum nächsten Match oder Date.

Über die Datingportale und Singlebörsen kann man denken, wie man möchte, aber im Großen und Ganzen erleichtern sie die Suche nach einem Partner ungemein. Ob es dann der „perfekte" Partner ist oder nicht, wird sich zeigen. Man hat die Möglichkeit, Menschen kennenzulernen, die man sonst niemals getroffen hätte – der Suchraum wird immens ausgeweitet. Ein wichtiges Argument für die Partnersuche im Netz ist insbesondere die gezielte Suche. Auf Onlinepartnerbörsen könnt ihr gezielt nach eurem Traumpartner auf die Suche gehen. Während es bei einem Treffen im realen Leben eher ein Zufall ist, ob man zusammenpasst oder nicht, kann man diese Zufallskomponente bei der Onlinepartnersuche ausschließen; abhängig vom jeweiligen Dienst.

Ein weiteres Argument für die Onlinepartnersuche ist natürlich die große Auswahl. Nirgendwo sonst hat man einen solchen direkten Zugriff auf partnersuchende Singles. Während man in einer Bar oder in einem Club eher zufällig auf einen Single trifft, der dann vielleicht auch gar nicht den eigenen Vorstellungen entspricht, hat man bei Onlinepartnervermittlungen eher die Qual der Wahl.

Nicht zuletzt ist die Onlinepartnersuche auch deutlich weniger zeitintensiv als die Suche im realen Leben. Online ist ein Dienst auch jederzeit verfügbar, während man im realen Leben in der Regel nur am Wochenende auf die Suche gehen kann. Schließlich ist die Onlinepartnersuche die ideale Möglichkeit für Schüchterne und Einsame, einen Partner kennenzulernen. Wer im täglichen Leben Probleme hat, fremde Menschen anzusprechen, der kann dies anonym und weitestgehend sicher im Internet tun. Auch Menschen mit einem kleinen oder nicht vorhandenen Freundeskreis ist die Onlinepartnersuche eher zu empfehlen, als am Wochenende allein auf der Suche nach dem Traumpartner durch die Innenstadt zu irren.

Jedoch wird kein Dienst einen persönlichen Kontakt ersetzten können. Auch ein Videochat kann das persönliche Treffen und Kennenlernen nicht komplett ausgleichen. Auch wenn die derzeit aktuellen Coronaregeln ein Treffen erschweren, so hat man immer noch die Möglichkeit, sich zu einem Spaziergang oder zu einer anderen Outdooraktivität zu verabreden. Die Onlinepartnersuche hat viele Vor-, aber auch einige Nachteile. Allerdings überwiegen die Vorteile bei weitem, sodass man sich nicht von den Nachteilen abschrecken lassen sollte. Mit ein bisschen Vorsicht und wenig Naivität lassen sich diese Nachteile recht schnell überwinden. Nichtsdestotrotz sind alle Datingdienste nicht mehr und nicht weniger als eine Möglichkeit, den vielleicht passenden Partner zu finden. Ob daraus dann eine Beziehung entsteht, welcher Art auch immer, liegt allein in eurer Hand.

Zwischenzeitlich ist es aber auch empfehlenswert, mal eine Match- und Datingpause einzulegen und sich mal gar nicht mit den Portalen zu beschäftigen. Einfach mal pausieren und sich anderen Dingen widmen. Damit meine ich tatsächlich die Funktion „Profil pausieren", sonst lässt man sich nur allzu schnell dazu verleiten, wieder auf die Suche zu gehen. Ich habe selbst die Erfahrung gemacht, dass der Suchtfaktor dabei nicht zu unterschätzen ist und man schnell dazu verleitet wird, sich das Handy zu schnappen, um zu sehen, ob nicht gerade eine potenzielle Matchpartnerin in der Nähe ist. Dann ist schon fast von einer Abhängigkeit zu sprechen, von der ihr euch nicht beherrschen lassen solltet. Auch wenn es immer nur ein paar Minuten zwischendurch sind, zieht euch die App in ihren Bann und sobald wieder ein oder mehrere Matches laufen, befindet man sich wieder im Hamsterrad der Datingwelt.

Deshalb halte ich es für hilfreich, sich zwischenzeitlich einfach mal auf etwas anderes zu besinnen und das Datingportal ruhen zu lassen. Am besten eignet sich dazu ein Urlaub oder die Zeit mit Freunden zu verbringen, das lenkt ab, und ihr könnt euch auf andere Dinge besinnen. So sehr ihr euch auch eine neue Partnerin an eurer Seite wünscht, lasst euch niemals von der Suche danach beherrschen und vernachlässigt auch nicht eure anderen Interessen, Leidenschaften oder Freunde.

Zu guter Letzt

Ich hoffe ihr hattet ein wenig Freude beim Lesen dieser Zeilen und ich konnte euch den einen oder anderen nützlichen Ratschlag mit auf den Weg geben, der es euch ermöglicht, die passende Partnerin zu finden.

Denkt immer daran: Behandle dein Date bzw. deine potenzielle Partnerin immer so, wie du selbst behandelt werden möchtest.

In diesem Sinne, viel Erfolg!

Quellen:

https://www.wikipedia.org

https://www.synonyme.woxikon.de

https://www.smartmobil.de

https://www.sparhandy.de

https://www.trendyone.de

https://www.tinderacademy.com

https://www.singleboersevergleich.com

Zeitfracht Medien GmbH
Ferdinand-Jühlke-Straße 7
99095 Erfurt, Deutschland
produktsicherheit@kolibri360.de